Risiko Gutmensch

von Michael Kleemann

Bisher erschienen:
Antisemitismus politisch korrekt – 1. Teil - Wenn der Sozi
vom Zionisten spricht, Juni 2015, ISBN-10: 1514331519
ISBN-13: 978-1514331514

In den Büchern befasse ich mich mit Arbeiten, die für die Artikel in meinem Blog http://linksfaschisten.blogspot.de/ zu umfangreich sind, um diese zusammengehörig abzuhandeln.

Inhaltsverzeichnis

I. Kauderwelsch

"Sag nicht immer Gutmensch! Die Nazis haben
das getan und es ist ein jiddisches Wort."

Ich kann es nicht mehr hören! Bei diesen oder anderen
Versuchen, mir durch Politisch Korrekt (PC) den Mund zu
verbieten, geht mir die Hutschnur hoch. Es gibt keine bösen
Worte, nur böse Menschen und das eben besonders
reichlich bei jenen Gutmenschen, denen der Spott freilich
zu Herzen geht, denn sie sind doch die Guten. Gerade bei
diesen Worten offenbart sich der wirre Geist des
indoktrinierten Besserwissermenschen:
"Die Nazis haben das getan und es ist ein
jiddisches Wort."

Hier werden in einem Atemzug *Nazi* und *Jude* in
Zusammenhang gebracht und unter dem Eckpfeiler jeder
Kleinkindererziehung ein - *wenn Du das machst, dann bist*
Du böse - dem deutschen Michel zu verstehen gegeben,
etwas Jüdisches nicht zu benutzen. Also genau das, was
die Nazis taten.

Hinter alle dem steckt die Frankfurter Schule, die sich
dank Horkheimer und Adorno, intensiv mit der Manipulation
des Volkes auseinandersetzten. Nur, der Feind liest mit! Ich
habe diese linken Dumpfbacken mit Faschodrall ausgiebig
gelesen und weiß daher sehr genau, wie deren
Indoktrinierung funktioniert.
Sinn der *"völkischen"* Umerziehung dieser Halunken
ist es nicht etwas zu verbessern, sondern einen neuen
Nazityp zu erschaffen. Krieg und Unruhen sollen erzeugt
werden.

Die Nazis haben auch nicht nur das Wort *Gutmensch* benutzt, sondern viele andere: *Ich, du, eins, zwei, drei, Demokratie, Frieden, Toilettenpapier ...*

Würde man kein Wort benutzen, das Nazis benutzt haben, dann würden wir uns wohl über Zeichen verständigen. Diese Begründung ist also völliger Blödsinn und basiert eher darauf, dass der Gutmensch sich in seinem übergroßen Ego gekränkt fühlt. In dem er sich, als die ultimative Höherentwicklung des Menschseins begreift, als der *Neue Mensch*.

Wir Konservativen haben zu lange zu geschaut und nachgegeben. Und damit erweckten wir den Eindruck, dass wir deren pseudo-intellektuelles Dummgeschwafel tatsächlich glauben.

Freilich, wir alle kennen den Leitsatz: *"Der Klügere gibt nach"*, dies hatte man uns als Kinder eingetrichtert. Dieser furchtbar dämliche Spruch führte zur gegenwärtigen Situation, dass wir von den Dummen und Systemparasiten regiert werden.

Und wie es bei den Dummen nun mal so ist. Sag ihnen das sie dumm sind und die antworten: „*Wie kann er es wagen!*" Sagst Du aber, dass sie schön und gebildet sind, dass glauben die Dir sofort und hinterfragen nicht. So kann man ganz kurz veranschaulichen, wie PC bei dummen Menschen funktioniert. Das Ergebnis ist leider etwas sehr erschreckendes: der Gutmenschennazi.

Es war schon immer das Problem der Intelligenten, das Vorgesetzte zu bezweifeln (*ich zweifle, also bin ich!* - Descartes), leider deshalb auch zu zögern im Handeln. Das weitaus größere Problem hat die Menschheit allerdings mit den Dummen. Denn die sind voller Zuversicht und sich ihrer Idiotie absolut sicher.

Nun weiß Deutschlands Linke sich nicht mehr zu helfen, der Widerstand wächst und ihnen gehen ihre

Argumente aus. Außerdem steuern wir auf eine Situation zu, wo das Volk gar nicht mehr gewillt ist, neue und noch blödere Argumente zu hören. Sondern einfach nicht mehr den Anblick der Fratzen der Systemparasiten von Sozis, Kozis und Nazis erträgt.

Anderes Beispiel gefällig? Die deutsche Linke benutzt gern das Wort *"suboptimal"*, das ist ein typisches Grünen-wort, Zwangshipp und total bescheuert, voll Grün eben.

Erinnern wir uns an Heidenau, wo *Linksfaschisten* (Jürgen Habermas) der Antifa durch die Straßen zogen und nach Augenschein die Passanten klassifizierten und, wenn man sie als Rechte erkannt haben wollte, auf diese eingeschlagen wurde. Natürlich in der typischen Art und Weise, 50 gegen einen Opa, denn aufgrund des Alters war der bestimmt im Krieg dabei. Natürlich hat das seinerzeit auch die SA so getan. Lediglich der Stempel, den man damals aufdrückte, war: *Jude!*

In diversen Artikeln habe ich in meinem Blog erklärt, dass der Feind der Linken eben die rechte Bourgeoisie ist. Und, dass schon bei Marx, der Schlüssel in der Vernichtung dieser, in der Vernichtung der Juden gesehen wird. Damit ergibt der Kampf der Antifa, gegen vermeintlich Rechte (was ohnehin nicht Rechtsextrem bedeutet) einen ganz anderen Sinn: Sie führen denselben Kampf, wie die SA. Jeder der behauptet, dieser blinde Mob wäre in der Lage gewesen einen Skinhead und einen Redskin durch Augenmaß zu unterscheiden, dazu in jener aufgeheizten Situation, möchte ich versichern, dass ich nicht vergangene Nacht zur Welt gekommen bin. Das geht insbesondere an Sippschaft Maas, de Maizière und Schwesig, sowie den Rest der Bundestagsmischpoke.

Die Leipziger Grünen-Bundestagsabgeordnete Minika Lazar nannte das Verhalten der Antifa *"suboptimal"*.

(Zugleich bedauerte sie jedoch, dass nicht *"mehr normale Bürger"* gekommen waren.)

Doch bedenkt sei, die wahre Bedeutung des Wortes *sub = unter* und *optimal = das Beste*. Sie findet es also nicht als die beste Lösung, aber grundsätzlich gut.

Frank Kopperschläger, brüskierte sich sogar noch darüber, denn er war wohl nicht der Meinung von Lazar. Er schreibt auf linkespankow.wordpres.com. In seinem Artikel: *Jetzt auch die #Grünen: Auftritt der #Antifa in #Heidenau "suboptimal"- Ein Dankeschön an die Antifa wäre angebracht!*, dort ließ er seinen Frust auch raus.

Die ganze Überschrift des Blogs ist übrigens: *Das muss man doch mal sagen dürfen*. Sie wissen schon, dass waren die Worte von Günter Grass, wenn er seine Israelhetze rechtfertigte.

Erstaunt stellte ich fest einen Artikel von der Muslima *Rina Bina* (alias: *Sabrina si Moussa, Luise Hallman*) zu finden. Die dort offenbar auf Ausgleich bedacht ist, und versucht Israel zu verteidigen.

Da ich allerdings Rina Bina von Facebook her kenne, erstaunt mich das um so mehr. Da nennt sie sich auch nicht mehr Rina Bina, denn ihre Profile werden ständig gesperrt, wegen Hetze gegen Juden. Sie ist außerdem eine Konvertierte und keine Muslima aus einem muslimischen

Paul L. Fink Du untermenschliche jüdische Fehlgeburt! Als jüdin über andere Religionen herziehen ist wirklich etwas lächerlich. Oder willst du jetzt mal die sein die keine Ahnung hat von was sie redet? Du kannst Menschen kritisieren aber nicht eine Religion! Dir den tot zu wünschen wäre zu nett. Ich wünsche dir das der Rest deines erbärmlichen Untermenschen daseins für dich schlimmer wird als alles was du dir überhaupt vorstellen kannst, dass du jeden Tag aufs neue Schläge kassierst, dass ein Eimer Säure über dein Gesicht geschüttet würd währen Ratten und Würmer den Rest deines wertlosen Körpers weiter verschärfen als er ohnehin schon ist! Du Hure, kleines Fotzenkind, rechtsradikales jüdisches Stück Müll, minderbemittelte wertlose Fehlgeburt!

Gefällt mir · Antworten · 3 Std.

Abbildung 1: So wird man in dieser Gutmenschengruppe angeredet.

Land, wie sie behauptet. Zusammen mit einem Antifamitglied, Karl Gaiser[1], der dort auch eine Seite zu Illuminaten betreibt, wo er sich als Illuminatenchef Deutschland ausgibt und eine jüdische Weltverschwörung zelebriert, bauten sie eine Gruppe auf, die Pro-Israel Aktivisten aufspürt, sich zu Freunden macht, dann Daten und Fotos sammelt, Adressen herausbekommen will und diese Leute dann bedroht. Rina Bina ist eine Falsche Flagge Aktion der Berliner Antifa, um selbst denkende Juden aufzuspüren und auf politisch korrekte Linie zu klopfen.

In dieser Gruppe, in der sich gar illustre Gesellen einer Querfront tummeln, nannte er mich ständig *"Knecht"*, als Anspielung auf *"Judenknecht"*. Der Begriff wurde in der DDR-Diktatur von der Stasi benutzt und entstammt dem Nazivokabular. Es meint die Diener einer zionistischen Weltverschwörung.[2]

Es ist nicht allzu lange her, da entschied ein gutmenschlicher Richter, eines gutmenschlichen Gerichtes, der gutmenschlichen Bun- desrepublik Absurdistan, dass das Wort *Muselmann* ein *"pöse"* Wort ist.
"Das war von den Nazis und daher diskriminierend."

Typischer Fall von Denkste!
Es ist ähnlich, wie mit dem Wort Gutmensch. *Muselmann* ist lediglich die Verdeutschung des spanischen Wortes: *muselmanes*. Wurde von der *Legion Condor* in Deutschland eingeschleppt. Und ist das gängige Wort für Muslime. Ganz im Gegensatz ist das Wort *Kufar*, mit denen

---

1 Alias: August Gaiser, Udo Zimmermann, Frank Langer, Fred Krueger, Abdulwahab Almasouri, Gerd Schmidtke, Jinnalis Sinnaiij, Jakob Pawl, Helge Jung, Friedrich Kriegl, Dan Yardman, Uli Jentsch und gut 200 mehr.
2 Michael Kleemann, Antisemitismus politisch korrekt – 1. Teil Wenn der Sozi vom Zionisten spricht, Juni 2015, Seite 18. ISBN-10: 1514331519 ISBN-13: 978-1514331514

Muslime uns bedenken, ein tatsächlich rassistisches und diskriminierendes Wort. Falls Sie nun aber meinen, dass ein deutscher gutmenschlicher Richter dieses Wort als rassistisch katalogisieren würde, da können Sie warten, bis die Hölle zufriert.

Das ist mir klar geworden, als meine nicht-deutsche Frau, von Linksfaschisten angegriffen wurde oder die Antifa KZ an mein Haus schrieb und mit Vergasung drohte. Nicht das die Polizei nichts tun würde, aber Ausländerfeindlichkeit und Antisemitismus kann ein deutsches Beamtengehirn nur registrieren, wenn irgendein NPDler beteiligt ist.

Allein schon der Moment ist offenbarend, wenn man Anzeige wegen Antisemitismus macht und statt die Polizei dies einfach Mal entgegen nimmt, wird man plötzlich angesehen, als hätte man gesagt: *„Ich habe eine offene Wunde, blute Ihnen gerade den Boden voll und bin HIV Positiv."* Und dann, wenn der Beamte reagiert: *„Sind Sie etwa Jude?!"* Und hinter ihm an der Wand hängen Plakate von Die Linke. Und wenn die dann hören, gegen wen die Anzeige erlassen wird, dann kommt so ein Beamter ganz schön ins Rotieren, wenn die Aussage nicht seiner Beamtenschablone für Antisemitismus entspricht. Was hat Jude sein damit zu tun, eine Anzeige gegen Antisemiten zu machen? Ist Jutta von Ditfurth Jüdin, weil sie Jürgen Elsässer einen *„glühenden Antisemiten"* nannte?

Der Wahn der politisch korrekten Sprache geht natürlich immer weiter. Erinnert sei an einen Unternehmer, dessen Name *Neger* ist und dementsprechend in seinem Logo darauf anspielt.

Vor ein paar Jahren nannte ein Kongressabgeordne-ter der Republikaner, den ungedeckten Staatshaushalt ein *"Schwarzes Loch"*. Da Kritik für die Demokratenregierung, die in den USA die dortige Entsprechung zur deutschen Linken ist, natürlich solche nicht dulden kann, stand ein schwarzer Demokrat auf und nannte den Sprecher einen

Rassisten. Überhaupt, ein schwarzer Demokrat, das ist genauso bescheuert, wie ein Jude in der NSDAP. Die Demokraten waren die Partei der Sklaven haltenden Südstaaten. Aber da kommt dann irgendein schlauer linker Intellektueller des Weges und schwafelt schnell von einem Demokratisierungsprozess. Wie immer wirft man mit Begriffen um sich, die Wissenschaftlichkeit vortäuschen sollen. Wenn nämlich linke Antidemokraten jemanden einen (vor allem sich selbst) einen solchen Prozess bescheinigen, ist dass nicht nur relativ zu verstehen, sondern geradezu lächerlich.

Auf der anderen Seite der Grenze, in Lateinamerika, werden alle mit auch nur etwas dunklerem Teint *"Negro"* genannt. Und welch Wunder? Kein *Negro* stört sich daran.

Oder auch am sehr verbreiteten Familiennamen *Matamoros*. *Mohrentöter*, wobei das Wort *Mohr aber Muslim* bedeutet. Das wird deutlich im Folkloretanz: *Baile de los Conquistatoderes*. Wo bärtige Muslime (*los moros* genannt), nicht Schwarzafrikaner, die Jungfrau Maria bedrohen und von den tapferen Konquistadoren (aus der 1. [Re-] Conquista von Iberien) vernichtet werden.

Im Namen dieses Krebsgeschwüres Politisch Korrekt wird Geschichte gefälscht, Recht gebeugt, Karrieren zerstört und Menschen ruiniert. Die schweigende Mehrheit nimmt dies alles, zwar zunehmend murrend, aber dennoch mit gesenktem Blick. Noch!
Wir Deutschen, die wir einmal Stolz darauf waren, das Volk der Dichter und Denker genannt worden zu sein. Lassen uns eben dieses kritische Denken, zumindest auf diesem Feld verbieten. Und zwar genau von denjenigen, vor denen man uns vor 25 Jahren mit Polizeiaufgeboten beschützen musste.
All diese Denkverbote, die uns daran hindern, zu eigenständigen Wertungen und Urteilen zu kommen, dies alles ist nicht nur eine Beleidigung für jeden aufgeklärten

Menschen, sondern auch das geistige Todesurteil für jede freie Gesellschaft.

Gottfried Benn hatte einmal treffend gesagt, das Abendland geht nicht zugrunde an den totalitären Systemen, und auch nicht an seiner geistigen Armut. Es geht zugrunde, an den hündischen Kriechern, seiner Intelligenz vor den politischen Zweckmäßigkeiten. Trotz dieser äußerst düsteren und pessimistischen Feststel-lungen, es besteht noch Hoffnung, ich bin mir sicher, dass diese ganzen Fälle von Rufmorden, Diffamierungen und Berufsverboten, wie derzeit üblich, die Mauer der Politischen Korrektheit ins Wanken bringen werden. Sie hat deutliche Risse bekommen. Und der Druck im Kessel steigt. Wenn er aber explodiert, dann wird es einigen ganz und gar nicht mehr gefallen und hoffen rechtzeitig den letzten ausfahrenden Orientexpress zu erreichen.

"Noch sitzt ihr da oben, ihr feigen Gestalten,
vom Feinde bezahlt und dem Volke zum Spott.
Doch einst wird wieder Gerechtigkeit walten,
dann richtet das Volk und es Gnade euch Gott."
Carl Theodor Körner

Das zeigt sich schon an der nervösen Überreaktion in diesen Fällen von Rechtsbeugung und -bruch, bei Verstoß gegen die Meinungsdiktatur. Die Menschen sind zunehmend weniger bereit sich die kindischen Erklärungen der Deutschen Linken und seiner Stasi-Hanswurst-Regierung gefallen zu lassen. Noch einige Vorfälle mehr und das Lügengebilde wird zerbrechen. Und dann Gnade ihnen der Allmächtige, denn das Volk wird es nicht.

Und in dieser Hoffnung sollten wir weiterkämpfen, gegen Mittelmäßigkeit, Feigheit, Opportunismus und Anpassungen. Damit wir wieder von einer Meinungsfreiheit sprechen können, die den Namen verdient. Und die, wie Voltaire so treffend beschrieben hat:

"Ich hasse jedes Wort, von dem, was Sie

sagen, aber ich werde bis zu meinem Ende dafür kämpfen, dass Sie es auch weiterhin sagen dürfen."

II. Gutmenschen sind politisch unkorrekt

Woher kommt Politisch Korrekt (PC)? Deutsche Medien sind, genauso wie Parteien, extrem nach Links gerückt und sind zum Breschenschneider des ideologischen *Kalten Krieges* geworden, den die Linken führen. Dabei pochen diese auf PC und verstecken dahinter eine knallharte Diktatur, in einer Fassade des Humanismus.

> *"Das Problem an der ganzen Sache: Wer partout politisch korrekt berichten will, vergisst gerne mal die Grundregeln des guten Journalismus und textet Berichte, die sich schon am nächsten Tag als komplette Unwahrheit herausstellen. Frei nach dem zutiefst unjournalistischen Motto: Man kann's ja mal schreiben und vielleicht stimmt's ja sogar auch."* **Jüdische Rundschau**

Unter einer Basis wie: Du darfst doch sagen, was du willst, aber ohne zu beleidigen, installiert PC ein Sprechverbot. Die Meinungsfreiheit ist nicht mehr garantiert. Der Volksverhetzungsparagraf ist dabei eine elementare Hilfe, da dieser derart wässrig formuliert ist, dass Artikel 5 GG praktisch ausgehebelt wird. Es ist nicht möglich eine Diskussion zu führen, ohne jemanden irgendwann einmal auf den Schlips zu treten, insbesondere bei Personen, die Dir an die Kehle springen, wenn sie eine Karikatur ihres Propheten sehen. Die Möglichkeiten zur Diskussion unter der Diktatur von PC wird dadurch nicht nur arg eingeschränkt, sondern ist nicht mehr gegeben.

Politisch Korrekt ist uns aus den 90er geläufig. Jedoch ist seine Geschichte sehr viel älter und geht auf die Anfänge des real existierenden Kommunismus zurück. Ziel war es, einige Irrungen in der marxistischen Theorie auszubessern, die sich im realen Leben als Fehlkalkulation herausstellten.

Eine genaue Analyse von PC entlarvt es als subversive Strategie den Zerfall von Staat und Gesellschaft herbeizuführen. Und genau dazu wurde PC auch bewusst geschaffen. Warum?

Rudi Dutschke formulierte das Problem, dass die Marktwirtschaft die Arbeiterklasse am Wohlstand der Industrienationen beteilige, sie dadurch jedoch in den Kapitalismus integrierte. Die Staatsform der repräsentativen Demokratie sah er als eine *"Repressive(n) Toleranz"*, dass aber hatte er von Herbert Marcuse (Frankfurter Schule) übernommen. Das Problem war dabei, dass der Arbeiter nicht zur sozialistischen Revolution bereit war, denn es ging ihm zu gut.

Daraus schlussfolgerte Deutschlands Linke, dass die Marktwirtschaft zerstört werden muss, was die Rot-Grüne Schröderregierung dann auch machte, und Unruhen erzeugt werden, um das Volk so in Rage gesetzt wird, dass es den früher geliebten Staat nicht will und aufbegehrt. Diese Unzufriedenheit soll mittels Querfront in eine sozialistische Revolution geführt werden. Es gab verschiedene parallel ablaufende Strategien dafür, um das zu erreichen. Durch Terrorismus, wie die RAF, und freilich unter dem Aspekt des *Deutschen Dschihad*, werden Muslime dazu benutzt, Antisemitismus wird gefördert und subversive Gruppen, wie die Reichsbürger profiliert und Neonaziaktivitäten vorgetäuscht.

Das Ziel war es, damit die Überlastung des Bürgerstaates herbeizuführen und kollabieren zu lassen. Dutschke kreierte dazu die Strategie des *"Marsch durch die Institutionen"*, was aber dieselbe Strategie der NSDAP war, nach dem gescheiterten Putsch. Jedenfalls wurde dieser Marsch der 68er tatsächlich vollzogen.

Dutschke sprach davon, dass dazu auch internationale Konflikte geschaffen werden müssen. Darum sabotiert man auch alles, was der Bekämpfung von IS(IS) zu tun hat, außer wenn Putin es tut, damit er sich profilieren kann. Der neue Gutmenschenpräsident von Kanada hatte kürzlich angekündigt, das er den IS nicht einmal bekämpfen wird, wenn dieser Kanada angreift.

Das weiterentwickelte Konzept von Dutschke stammte direkt von Horkheimer, der dass schon 1939 so postuliert hatte, im Rahmen der Frankfurter Schule.
Diese Umformung zum Sozialismus/Kommunismus würde Opfer erfordern, deren Aufbegehren der Staat mit Gewalt begegnen müsse. Das ist es, was gerade in Deutschland/Europa geschieht.
Um die wahren Hintergründe des Aufbaus des Kommunismus zu verschleiern, schiebt man das auf die politische Opposition, d. h. in diesem Fall *USrael* (USA/Israel). Hinter diesem Kampfbegriff der deutschen Linken und NPD ebenso (erstaunlicherweise) Neu-Rechte[3], verbirgt sich jedoch die Wall Street Judenverschwörung aus *Mein Kampf*. Alles, was jetzt geschieht ist eine Wiederholung dessen, was zum Dritten Reich führte in der Weimarer Republik. Die Kampfbegriffe werden nur ausgetauscht.

Auch Politisch Korrekt ist nichts anderes als ein neuer Name, einer sehr alten marxistischen Kampfstrategie. Die sich jedoch der hitlerischen Methode der Sozialisierung des Menschen bedient, statt der Enteignung des klassischen Kommunismus.
Die Linken ala Frankfurter Schule nennen es zwar Eurokommunismus, es ist aber dennoch von Martin Heidegger dem Nationalsozialismus entnommen worden.

---

3   Diese überraschende Übereinstimmung wird Thema meines nächsten Buches zur Querfront sein.

Darum, um diese Verbindungen zu verwischen, war es so existenziell notwendig aus Hitler einen Rechten zu machen. Die NSDAP war nicht konservativ, sie veränderte Deutschland und kreierte ein völlig Neues Land. Der Patriotismus hat eine völlig andere Auffassung vom Nationalismus, als es die NSDAP hatte. Auch diente dieser in erster Linie sich nur, um vom Aspekt einer Moskaunähe abzulenken. Genau dass hinderte damals die KPD am Erfolg. Das also, der Neue Mensch von Hitlers nationalem Sozialismus, der Nazi genannt wird, ist eben nur die Entsprechung des heutigen Neuen Menschen des Eurosozialismus: der Gutmensch. Wobei es sich dabei natürlich nur um einen Begriff des Volksmundes handelt, aber das war Nazi auch.

Kurzum, PC ist ein Marxismus, der den umgekehrten Weg nimmt, er wird von der Wirtschaft auf den Menschen übertragen. Und begann sich zu entwickeln durch die Lehren des Ersten Weltkrieges.
Gemäß der marxistischen Theorie wurde angenommen, ein großer europäischer Krieg würde die Bevölkerung zur Annahme des Kommunismus bewegen und die Arbeiterklasse vereinen. Doch eben das passierte nicht. Nationalismus und Patriotismus waren in der Arbeiterklasse stärker ausgeprägt, als irgendeine seltsame Theorie von einer utopischen besseren Welt, erdacht von linken Psychopathen. Auch die Linken, wie eben damals Adolf Hitler einer war, zogen in den Krieg.

Dann 1917 gab es die kommunistische Revolution in Russland, aber organisiert und finanziert durch die deutschen Rechtsradikalen (Monarchisten).
Lenin war sich sicher, dass dies zu einer Weltrevolution führt. Darum wurden bereits die deutschen Soldaten an der Ostfront indoktriniert, als die Bolschewisten vorübergehend annahmen die deutschen Monarchisten nicht mehr zu

brauchen. Aber, dennoch kam es nicht nur dazu nicht und widersprach demzufolge der marxistischen Idee, sondern führte zu breitem Misstrauen gegen die KPD, die von Moskau gelenkt wurde über ihre Komintern.

Über dieses Problem musste die europäische Linke nach dem Ersten Weltkrieg nachdenken und sich die Frage stellen, warum die Theorie versagte.
Der Italiener Antonio Gramsci und der Ungare Georg Lukacs, der als neuer Marx galt, kamen beide zum Schluss, das die westliche, also abendländische, Kultur schuld sei. Das heißt also die Jüdisch-christliche und beinhaltete (aufgrund der Geschichte) auch außer europäische Staaten, wie Australien, Kanada und USA. Damit waren sie wieder im Einklang mit Marx, dem zufolge die Juden der Schlüssel zur Vernichtung der Bourgeoisie waren. Es sei angemerkt, dass Lukacs jüdischer Abstammung war, aber Juden hasste. Das ist nicht ungewöhnlich, linke Abstammungsjuden haben sich auch in der Ukraine am Judenmord beteiligt. Bei den Nazis kann man ebenso auf Alfred Rosenberg verweisen. Linke Juden sind die schlimmsten Judenhasser und disqualifizieren sich dadurch selbst von der jüdischen Gemeinde.
Demzufolge erklärte auch Hitler Christentum und Judentum zu seinem Hauptfeind. Während er mit den Christen, aufgrund der Massen, nicht wie mit den Juden verfahren konnte, besann er sich auf die methodische Umerziehung, die Vorform von PC. Wir sehen jedoch das Hitler ganz und gar, als ein Linker handelte.

Gramsci und Lukacs rieten beide zur Vernichtung des christlich-jüdischen Abendlandes. Hitler versuchte das tatsächlich umzusetzen. Patriotismus war für ihn ja nur eine Verschleierung, er schuf ein neues sozialistisches Land, er konservierte jedoch nicht Deutschland, wie es ein Patriot getan hätte. Und aus diesem Grund richtete Hitler den

Kampfverlauf nach den Polen-Feldzug nach Westeuropa. Und wir sehen zeitgleich das Stalin vollkommen in der Judenfrage übereinstimmte.

Lukacs formulierte an die internationale Linke schon 1919 die Schlüsselfrage:

> *„Wer wird uns von der westlichen Zivilisation erretten?"*

In diesem Jahr wurde er von der bolschewistischen Regierung Ungarns in Bela Kuhn, nach sowjetischem Vorbild, zum Kommissar für Kultur ernannt. Die Regierung war eine Satellitenregierung Moskaus. Und nutzte seine Stellung für ein Gesellschaftsexperiment, die des *"kulturellen Terrorismus"*. Eine Reinform dessen, was Die Grünen, als Produkt der Frankfurter Schule, aber auch Die Linke als Lightform betreiben.

Dieses beruhte auf einer radikalen Sexualisierung in der Erziehung, in den Schulen. Er tat dies, weil er (wie auch die Frankfurter Schule, als deren Impulsgeber er fungierte) die Familie als Feind erkannte. Er sah darin das Fundament der westlichen Zivilisation (genauso Karl Marx), weshalb er logisch beschloss, dass Familien vernichtet werden müssen.

Das Kind war das schwächste Element in der Gesellschaft und darum setzte er dieses, seinem Sozialisierungsexperiment aus. Es war eben einfacher Kinder umzuerziehen, als Erwachsene, die bereits klare Vorstellungen von *Richtig* und *Falsch* haben.

Allgemein anerkannt ist, dass dieses grauenvolle Experiment der Kommunisten dauerhaften Schaden in Ungarn verursachte. Die Kommunisten lehrten eine neue Kultur in der man das Gelehrte, ohne infrage zustellen, akzeptieren musste, sonst folgten Sanktionen. Freies Denken wurde als Verbrechen angesehen.

Der Schaden war permanent, obwohl sich die kommunistische Regierung nur einige Monate halten konnte.

Das Warum des Scheiterns, aber offenbart den Marxismus als falsche Befreiungstheologie, als Verführer und als traditioneller Satanismus im klassischen Sinn. Es waren eben dieselben Arbeiter, die eine Rebellion gegen die Kommunisten machten, und zwar wegen des Angriffes auf ihre Kultur.

Doch das war der Moment, als sich der nationale Sozialismus, als zweiter Weg, heraus entwickelte und die deutschen Rechtsradikalen begannen die Linken zu manipulieren. Der Geheimdienst der Reichswehr hatte sich in dieser Zeit auf Adolf Hitler konzentriert. Die gleichen Hintermänner verbündeten sich auch mit der Sowjetunion (Schwarze Reichswehr) und der Frankfurter Schule.

Der Multimillionär Felix Weil hatte begonnen eine Denkfabrik zu formieren, in der moderne marxistische Theorien erörtert werden sollten. Er griff die Arbeit von Georg Lukacs auf. Dieses politische Institut war verbunden mit dem Marx-Engels-Institut von Moskau. Aus diesem Grunde sollte es sich auch *Institut für Marxismus* nennen.

Gemäß Martin Jay, Direktor des *Geschichtsinstitutes von Berkley*, der über die Frankfurter Schule schrieb (*Die dialektische Imagination*), wurde der Name in *Institut für Sozialforschung* (IfS) geändert, weil in der Weimarer Republik, so auch die KPD, alles misstrauisch beobachtet wurde, dass sich nach Moskau ausrichtete. Dennoch war die Weimarer Republik der größte Handelspartner des kommunistischen Landes und es gab einen damit verbundenen ständigen Austausch, der umso schwerer zu kontrollieren war. Deshalb wollte man einen neutralen Namen wählen.

In Wirklichkeit wurden Seminare der Frankfurter Schule zum Marxismus bereits im Frühjahr 1923 gegeben. Rund zwei Dutzend handverlesene kommunistische Intellektuelle kamen zu einer *"marxistischen Studienwoche"* zusammen. Darunter war auch Richard Sorge (alias: Ramsay), der später in Japan als russischer Spion enttarnt wurde. Er war in Deutschland verwickelt im Aufbau der Querfront von Nationalsozialisten und Internationalsozia-listen.

Ein weiteres Mitglied war der angesprochene Georg Lukacs, der ebenfalls für die Sowjets arbeitete. Und seine Theorien wurden zur Grundlage der Frankfurter Schule und er selbst Leiter des Institutes. Er führte hier seine ungarischen Arbeiten weiter, Schwerpunkt die Etablierung der *"Sozialisierung des Menschen"* über die Ebene der Ökonomie. Dazu sah er die Notwendigkeit der Umformung der Kultur in Deutschland. Dies war die Zeit in der, die PC Gehirnwäsche entwickelt wurde, aber erst später so benannt wurde.

Erster Direktor der Frankfurter Schule wurde der österreichische Kommunist Karl Grünberg. In seiner Eröffnungsrede sagte er klar, dass es ihm um die Etablierung des Kommunismus geht und:

> *"Ich bin auch ein Gegner der ökonomischen, sozialen und rechtlichen Ordnung, die uns von der Geschichte überliefert wurde ... In diesem neuen Forschungsinstitut wird von jetzt ab der Marxismus eine Heimstatt haben."*

Er blieb der Direktor bis 1930, dann ersetzte ihn Max Horkheimer, der neue Strategien sah und einen neuen Marxismus entwickelte. Dies führte zu einem eigenständig-en Weg, der sich von der Sowjetunion unterschied. Zum Beispiel erkannte er den ökonomischen Erfolg des Kapitalismus an, wie Rudi Dutschke später. War aber dem Nationalsozialismus weitaus näher, als etwa dem Bolschewismus.

Und Horkheimer kam zu dem Schluss, dass Karl Marx und Lenin sich in einem Punkt irrten: Die sozialistische

Revolution würde nicht von der Arbeiterklasse ausgehen. Dies führte zu der Frage, ob man die Arbeiterklasse also durch einen anderen Revolutionsträger ersetzen könnte.

1932 stieß auch Herbert Marcuse zum Institut. Und entwickelte sich zum bedeutendsten Mitglied zum finalen Schliff der Politischen Korrektheit.
Die Finanziers (deutsche Monarchisten, Fabian Society und Moskau) der Frankfurter Schule ließen deren Arbeit in die Bewegung des Nationalsozialismus einflies-sen, das war für sie wie ein Experiment im Großgehege. Und im Umgang mit den Nazis verfuhr man nicht anders, als heute mit dem Gutmenschen. Wer vor ihnen warnte, wurde medial attackiert, als der Feind.
Freilich hatten letztlich die Kritiker recht und nicht anders wird es im Bezug auf die Gutmenschen sein. Heute ist es freilich schwieriger, weil die ganze Medienlandschaft im Kraken Bertelsmann Stiftung zusammenläuft.

Die geistigen Urheber, die Frankfurter Schule, versuchten den klassischen Revolutionsträger zu ersetzen. Das war in jener Zeit eben der Nazi. Da ihnen freilich klar war, was ihr Produkt tatsächlich bedeutet, setzten sie sich rechtzeitig ab. In die Schweiz, was immer noch Nahe war. Der ursprüngliche Plan hatte vorgesehen, durch eine zweite Revolution, unter Ernst Röhm, Hitler wieder zu beseitigen und dann den ursprünglich vorgesehen Kommunismus einzuführen. Dies allerdings ging gehörig daneben, denn die SS bekam vom bevorstehenden Putsch Wind. Da man die Lage außer Kontrolle sah, verlegte sich das Institut in die USA, statt, gemäß ihrer Orientierung nach Moskau. Dies geschah auf Anraten der Fabian Society, die Unterkunft in Genf bereitstellte und die Verlegung finanzierte.
Dasselbe Bild eben damals schon, wie heute bei Die Grünen und Die Linke: links reden und rechts leben.

Zurückgekehrt setzte die Frankfurter Schule alles daran, die Geschichtsschreibung zu ändern und ihre ideologische Bedeutung für die Nazis zu verschleiern. Daran waren die Nazis sogar selber interessiert. Damit wurde dann nämlich der berühmt berüchtigte „Demokratisierungsprozess" erklärt. Man habe aus seinen Fehlern gelernt und sei nun ein anderer (Neuer) Mensch. Dennoch war dieser Mensch nach dem Demokratisier- ungsprozess mit demselben Machtpolitischen Hintergrund ausgestattet und taten genau dasselbe wie zuvor. Man wechselte lediglich den Kampfbegriff: rechts und links.

Einen neuen Revolutionsträger erkannte die Frankfurter Schule erst in den 1960er Jahren. Horkheimer begann, statt die ökonomische Ebene die Kulturelle als Möglichkeit zu betrachten. Speziell durch die Arbeit von Herbert Marcuse, der nun die Marxismus Idee auf die kulturelle Revolution übersetzt hatte. Eine Überlegung, die ihn wieder zu Georg Lukacs zurückbrachte, aber den traditionellen Marxismus infrage stellte. Der neue Kommunismus mixte Lehren des Marxismus, was den Nationalsozialismus mit einschloss, und denen von Sigmund Freud: *„Inzest und Pädophilie sind normal"*.
Ergebnis war, dass statt wie Marx sagte, die Arbeiterklasse im Kapitalismus in Unterdrückung lebe, nun jeder in psychischer Unterdrückung lebe. Schuld daran war aber dennoch die christlich-jüdische Kultur. Die Befreiung des Lasters vom Makel der Sünde machte dann die Mitarbeit von Martin Heidegger interessant und führte zu der Unterstützung von gesellschaftlich abgelehnten Gruppen, wie Pädophile.
 Das zog einen permanenten Angriff auf die Grundfesten des Abendlandes nach sich und führte zur Heiligung jeden Mittels, das dieser abendländischen Kultur widersprach. Dieses subversive Treiben der Kommunisten versteckte

man, Heidegger folgend, hinter einer Vielzahl von sich widersprechenden Bewegungen, wie Nazis, Reichsbürger, Feminismus, Wikkakult, Ufo-Sekten, Antideutsche und Antijuden ... Kurzum, alles was der Grundfeste der Gesellschaft widersprach, schien geeignet.

Die Ursache der nun sich vermehrenden kulturellen Dekadenz versteckten sie unter falschen Schuldzuweisungen, gegen Juden, Christen und Freimaurer. Die Freimaurer so oder so, sind nämlich auch ein Produkt dieses verhassten Abendlandes. Freilich waren all das auch die Feinde des Nationalsozialismus gewesen. Deshalb wäre es unklug gewesen direkt diese Schuldzuweisungen zu begehen, die Ähnlichkeiten des Neuen Nazityp Gutmensch wären zu ähnlich gewesen zum alten Nazi. Deshalb vereinnahmten die deutschen Linken auch das Monopol Antisemitismus und Holocaust für sich. Ja, für sich, nicht für die deutsche jüdische Gemeinde. Abgesehen von einigen linken Alibijuden, hatten echte Juden zu dem Thema nichts zu sagen. Erinnert sei an die Antisemitismus-konferenz 2015. Da gab es noch nicht mal die Alibijuden.
Um von diesen Missständen abzulenken, entwickelte die deutsche Linke eine fiktive Jagd gegen den Feind Nazis, da dieser nach Ende des Krieges eh der Bösewicht war. Diese Idee entwickelte sich aus dem Hexenwahn. So strickte man sich eine Welt zurecht, wo eben die alten Feinde der Nazis zu Nazis abgestempelt wurden. Das meint in erster Linie, die Juden.[4]
Es wäre Fatal gewesen, würde man den Nationalsozialismus als eine marxistische Variante erkennen. Deshalb nahm man sich die Deutungshoheit über die angesprochenen Begriffe an. Deutschland hatte schließlich das Potsda-

---

4 Vgl.: Abschitt: RAF und Judenhass – in: Michael Kleemann, Antisemitismus politisch korrekt – 1. Teil Wenn der Sozi vom Zionisten spricht, Juni 2015, Seite 18. ISBN-10: 1514331519 ISBN-13: 978-1514331514

mer Abkommen akzeptiert, das der BRD auferlegte, mit jedem notwendigen Mittel, selbst schweren Waffen, faschistische Strukturen zu bekämpfen.

Das Ganze war so angelegt, dass es sich zu einem Selbstläufer entwickelte. Jeder Gutmensch wird zum Aktivisten, der jede negative Bemerkung über seine Bewegung zu eliminieren versucht. So wurde die Geschichte großflächig umgeschrieben, wenn Sie einmal bei Wikipedia nach schauen, da wird der Erfinder der industriellen Vergasung (Bernard Shaw) als Pazifist bezeichnet. Und wenn das wahre Naturell dann nicht mehr leugbar ist, wird seine Bedeutung herunter gespielt: *War ja kaum von Bedeutung, ein Außenseiter kaum beachtet, das war ja früher vor dem Demokratisierungsprozess ...* Da hinter steckt ein plattes Schema gewisser Antworten, die sich auf alles und jeden anwenden ließen. Es ist auch immer dieselbe Taktik, die Geschichte wird erst umgeschrieben und wenn die Lüge auffliegt, relativiert.

Zu Georg Lukacs steht in Wikipedia Philosoph, Literaturwissenschaftler und -kritiker. Das er Bolschewist war, steht da nicht. Er war auch jener, der das Massaker von Poroszló anordnete. Bei den Kämpfen um Budapest hat er Juden hinrichten lassen. Er selbst beklagt sich über die siegreiche rechte Regierung (die Weißen):

> *"Die weiße Regierung Ungarns verfolgte mich wegen über 200 Mordtaten und forderte meine Auslieferung, um das Todesurteil an mir zu vollstrecken."*[5]

Er flüchtete deswegen nach Deutschland, wo uns die linke Geschichtsschreibung erklärt, er sei von der ungarischen Rechten verfolgt worden, weil er aus einer jüdischen Familie kam. So! Heile linke Welt, alles ist wieder

---

5   Kuzias, Thomas: Georg Lukács und der Goethepreis. Zum folgenreichen Verhältnis von Nietzsche und Marx beim jungen Lukács, In: Beiträge zur Geschichte der Arbeiterbewegung, Heft 4, 2007, (Redaktionsschluss 2012), S. 111-134, hier: S. 127-130.

im Lot!

Die Frankfurter Schule bediente sich in der schleichenden Sozialisierung des Menschen zweier Hauptstrategien: die *sexuelle Entfremdung* und die *ökonomische Entfremdung*, die in Schritten vollzogen werden sollte. Man strebte nicht allein eine politische Revolution an, sondern auch eine kulturelle und soziale Revolution. Es gab jedoch schon früher jemand der sehr erfolgreich Deutschland auf allen Ebenen umstrukturiert hatte. Das aber war Adolf Hitler gewesen. Also begann man sich der Nazimethoden bedienen, zu kopieren und zu verbessern, musste aber sicherstellen nicht als Nazi erkannt zu werden.

Aus diesem Grund meinte Horkheimer, dass neue Inspirationen der Frankfurter Schule weiter bringen würden. Aus diesem Grund holte er den Musikkritiker Theodor Adorno und den Psychoanalytiker Erich Fromm (Freudianer) mit an Bord. Fromm hatte eine radikale psychoanalytische Theorie des Marxismus entwickelt und entwickelte die Parole der sexuellen Befreiung und das Männlich oder Weiblich keine wirklichen sexuellen Unterscheidungen seien.

Diese ganze Theorie führt zu den Studentenbewe-gungen, Rudi Dutschke und die 68er Kulturevolution und der darauf sich entwickelnden Probleme, wie RAF und Missbrauch der Rassenfrage, Ausländer (besonders warum man keine integrierten Ausländer möchte) oder sexueller Minderheiten.

Von nicht geringer Bedeutung dürfte auch der Umstand sein, dass die *Mental Hygiene Movement*, bei den Nazis *Psychohygiene*, von der Frankfurter Schule integriert wurde. In erster Linie, um gegen ihre Kritiker vorzugehen. John Rawlings Rees der erste Präsident von *Mental Hygiene Movement* baute dabei genauso wie die Frankfurter Schule auf Sigmund Freud.

III. Neuer Versuch

Wie in meinem Buch Antisemitismus politisch korrekt –
Wenn der Sozi vom Zionisten spricht dargestellt, hatten die
Kinder der „Kulturrevolution" der Frankfurter Schule, wie
Terroristen und 68er, ideologisch alarmierende Schnitt-
punkte mit nationalsozialistischer Ideologie. Und kulminier-
te in einer scheinbar neuen politischen Bewegung, die
Partei: *Die Grünen*. Man bediente sich dabei schlichtweg
der Erfahrungen mit der NSDAP und entfernte oberflächlich
weitgehendst alles, was die Nazis verraten könnte. Der
wichtigste Punkt ist das Nationalistische. Doch, ich sagte
es, es ist das Oberflächliche. Die NSDAP schuf kein
konservatives Deutschland, sondern benutzte den
Nationalismus als Maske zur Kreation eines völlig neuen
und sozialistischen Deutschlands, dass mit dem
ursprünglichen wenig zu tun hatte. Diesmal wollte man den
eigentlichen Zweck des Revolutionsträgers besser unter
Kontrolle halten.
Der Revolutionsträger soll eben durch Schikanen das Volk
zur Wut und letztlichen Revolution anstacheln. Dieses
Aufbegehren soll aber dann umgelenkt werden in eine
kommunistische Revolution. Die degenerierte Politik der
Gutmenschen, wäre prinzipiell wenig bedeutsam. Doch
zum einen wird im Volk Wahlverdruss erzeugt, sodass sie
nicht wählen gehen. Das ermöglicht es dann, dass eine
9%-Partei wie die Grünen einen Pol Pot Fan zum
Ministerpräsidenten von Baden Württemberg machen kann.
Zum anderen wird mit der Masseneinwanderung von
Muslimen, ein Gegengewicht installiert, das eben genau
diese degenerierte Politik niemals akzeptieren wird.
Ergebnis ist dieselbe Reaktion wie beim Plus und Minus
Pol.
Jede politische Seite meint, dass sie in der Lage seien, die
Muslime zu kontrollieren. So auch die Grünen. Das ist

freilich ein Irrtum. Jedoch sind die Muslime keineswegs geliebt, sondern dienen als Tötungspersonal. Sie sollen gegen den degenerierten Staat und Gesellschaft ala Die Grünen aufbegehren und durch Grausamkeiten bei der anderen Bevölkerung die Erkenntnis reifen lassen: So geht das nicht weiter! Dann sollen sie über die Muslime herfallen, was in einem immensen Blutvergießen, ein allgemeines Chaos errichten soll. Unter der Erkenntnis, das demokratische System versagt, werden die überlebenden bereitwillig den Kommunismus annehmen. Das System versagt aber gar nicht, sondern es ist die Regierung, die diesen Zustand erzwingt.

Wie oft bekommt man zu hören, dass der größte Ruhm von Die Grünen sei, die erste europäische Partei mit einem Naturschutzprogramm gewesen zu sein. Davon zehrt diese Partei immer noch. Und doch, wer dies glaubt, liegt voll daneben.
Die erste Partei, die eine Umweltpartei genannt werden kann, war die NSDAP gewesen. Das Thema „Rettet den deutschen Wald", mit dem sich Die Grünen in den 1980 Jahren neben dem Thema Atomkraft ausstieg aufschwang, war eine eins zu eins Übernahme der NSDAP, die sich auch mit Windkrafträdern, den sogenannten Reichskrafttürmen autark machen wollte. Die Grünen taten oftmals nichts anderes, als die Begriffe zu ändern.

Es ist aber die aggressive Dünkelhaftigkeit, mit der sich die Grünen über Andersdenkende erheben, die mich besonders beunruhigt.
Ob Veggie Day bei den Die Grünen oder Eintopfsonntag mit dem Führer der NSDAP, beide verfolgten das Ziel der Umerziehung zu Vegetariern. Die NSDAP-Propaganda sagte, um mit dem ersparten den Notleidenden zu helfen. Das könnte glatt das Gutmenschenmotto per excellence sein. Stattdessen verweisen Die Grünen jedoch auf

verseuchtes Fleisch und falsche Tierhaltung. Statt die Missstände zu beseitigen, meint man, die Deutschen dürfen kein Fleisch essen. Und offenbart damit völlig andere Absichten, als man vorgibt. An der Abstellung von Missständen ist man definitiv nicht interessiert.
Auch wenn sich die Begründung ändert, beide verfolgten das gleiche Ziel. Und das Motiv ist das Ausschlaggebende, nicht die Begründung. Wenn die UdSSR Juden als Kulaken tötete, ist daran gar nichts „edleres" zu sehen, wie Jürgen Habermas (Frankfurter Schule) offenbar meinte. Ein toter Jude ist ein toter Jude, und nur weil er von Stalin getötet wurde, macht es die Sache nicht tolerierbar oder begrüßenswert.

Wenn die NPD nun gegen Atomkraft und Gentechnik marschiert, sprechen Die Grünen gern von einem Etikettenschwindel. Doch das kann nur der Fall sein, wenn Die Grünen sich als Nachfolger der NSDAP verstehen und diesen Status der NPD abstreiten. Was gut möglich ist, denn die NPD wurde vom MI 6 gegründet und anschliessend von der Stasi infiltriert, um genau dieses Spektrum anzusprechen, aus dem sich die NSDAP damals und Die Grünen heute, ihren fanatischen Kern speisen: den radikalisierten Kleinbürger. Es gab einen sehr mächtigen grünen Flügel der NSDAP. Die ganze NSDAP war einfach eine Querfront, die sogar eine Schwulenlobby hatte. Die Grünen sind also das komplette Abziehbild davon. Landwirtschaftsminister Rudolf Walther Darré kooperierte im Dritten Reich mit *Demeter*, *Weleda* und den anthroposophischen, biologisch-dynamischen Landwirten – im augenscheinlichen Widerspruch zu der Tatsache, dass die *"Anthroposophische Gesellschaft"* in Nazideutschland ab 1934 verboten war. Offenbar wurden die Anthroposophen von den Nazis jedoch als weltanschauliche Konkurrenz bekämpft, während Teile ihrer Lehre *"NS-kompatibel"* waren. Hinzu kam, dass einige Anthroposophen sich offensiv an die NS-Führung anbiederten.

Einen *"harten Kern"* der *"grünen Nazis"* bildeten die in der NS-Bewegung aufgegangenen *Artamanen* (Ackermänner): Sie verbanden den völkischen Okkultismus der Ariosophie mit der Naturschwärmerei der Lebensre-form, Ideen der Naturschutzbewegung und dem Kulturpessimismus Oswald Sprenglers (*Der Untergang des Abendlandes*). Ab 1934 waren sie Teil der Hitlerjugend. Neben sehr NS-typischen Bewegungen, waren hier jedoch auch die deutschen *Pfadfinder* und die *Sozialistische Arbeiterjugend* integriert.[6] Die Artamanen verfolgten eine stramm agroroman-tische Zielsetzung, verherrlichten die Bauern als die einzigen *"organischen Menschen"* und predigten die Abkehr von der *"internationalen Asphaltkultur der Großstädte"*. Sie verabscheuten die westliche *"Zuvielisation"* und träumten von einem naturverbundenen Leben ohne Industrie. Das Mittel zu diesem *"sanften"* Zweck war brutale Gewalt bis zum Völkermord: *"Lebensraum"* sollte im Osten erobert werden, damit das deutsche Volk wieder zur Scholle zurückkehren könne. Trotz aller optischen Unterschiede gab es dennoch ideologisch erstaunliche Schnittmengen, mit den späteren Hippies oder dem Urkommunismus der Roten Khmer.

Der ehemalige bayrische Gauleiter der Artamanen, SS-Reichsführer Heinrich Himmler, betrachtete seine SS als legitime Erbin der Artamanen. Er übernahm nicht nur die Uniform, das Artamanenschwarz, sondern auch die Weltanschauung, allerdings ergänzt um einen zynischen Opportunismus und ohne die ursprüngliche Technikfeind-lichkeit. Aber er zeigte eine große Zuneigung zum Islam. Der Reichsführer der SS war und blieb bis zu seinem Selbstmord 1945 ein in der Wolle gefärbter Okkultist

---

6 Alwiß Rosenberg: Die Artamanen und der Arbeitsdienst – Kritischer Diskussionsbeitrag zu Karl Bühlers ‚Arbeitsdienst als Erziehungsaufgabe‘. In: Jahrbuch des Archivs der deutschen Jugendbewegung 9 (1977), S. 234

ariosophischer Prägung. Wohl auch deshalb war er ein Förderer und Gönner, der mit einem ziemlich mächtigen esoterischen Überbau versehenen biologisch-dynamischen Landwirtschaft. Dieser Rumpf lebte später aber in der Partei Die Grünen weiter.

Ein anderer Naziesoteriker, dessen Einfluss dafür sorgte, dass die Methoden des biologisch-dynamischen Landbaus in der NS-Zeit, anders als andere Lehren der Antroposophen, nicht nur nicht unterdrückt wurden, sondern zumindest von völkisch-mystisch orientierten Nazis als Teil ihrer Ideologie begriffen wurden, war der Stellvertreter des Führers der NSDAP, Rudolf Hess. Die rassisch reinen Wehrdörfer der Artamanen inspirieren heute nicht nur Neonazis. Sondern eben auch marxistische Kommunen, die sich als Selbstversorger für die Zeit des Bürgerkrieges vorbereiten. Wie jede andere totalitäre Sekte, leben sie in der Erwartung einer nahen Apokalypse. Neo-Artamanen versuchen seit rund 20 Jahren, vor allem in Mecklenburg-Vorpommern, ähnliche Siedlungsprojekte aufzuziehen. Haben sich oft mit den Reichsbürgern verbunden. Diese Ökofaschisten geben sich äußerlich harmlos, sie kämpfen gegen Gentechnik und verkaufen ökologische Baustoffe. Aber sie verschmelzen auch Rassismus, Blut-und-Boden-Ideologie und Neuheidentum zu einem braunen Cocktail. Als Kommunen werden sie auch von Die Grünen und Die Linke gefördert.

Schon 2013 ließen sich Die Grünen von der im Jahr 1940 erschienenen NS-Dokumentation *Der ewige Jude* inspirieren. In dem verbotenen Streifen werden Juden mit Ratten verglichen:

> *„Wo Ratten auch auftauchen, tragen sie*
> *Vernichtung ins Land, zerstören sie*
> *menschliche Güter und Nahrungsmittel. Auf*
> *diese Weise verbreiten sie Krankheiten, Pest,*

*Lepra, Typhus, Cholera, Ruhr u.s.w. Sie sind
hinterlistig, feige und grausam und treten meist
in großen Scharen auf. Sie stellen unter den
Tieren das Element der heimtückischen,
unterirdischen Zerstörung dar – nicht anders
als die Juden unter den Menschen."*

In einem Werbetrailer von 2013 der Grünen *„Neues aus
dem schwarz-gelben Tierreich"* wurden die Juden
kurzerhand durch die BRD-Regierungskoalition und die
Ratten durch Schnecken ersetzt, und heraus kam eine
Persiflage, welche auch Joseph Goebbels begeistert hätte
und mit den Worten endet:
*„Schon im September können wir die
Schneckenplage ganz einfach wieder
loswerden."*

Für eine Partei, die sich so selbst beweihräuchert, die sich
als gesellschaftliche Elite versteht und mit dem moralischen
Zeigefinger, trotz eigener Verkommenheit, wedelt, sind die
vielfachen Entlehnungen der NS-Ideologie einfach nur
widerwärtig und sollte umgehend mit der Zerschlagung
dieser Union der Perversen geahndet werden. Hier in
diesem Fall muss man sich nur darauf besinnen, wie die
Nazis ihre „Judenplage" beabsichtigten loszuwerden. Wer
mit solchen Vergleichen und Anspielungen hantiert, hat in
einer demokratischen Gesellschaft keine Berechtigung
mehr. All das sind bei weiten nicht alle Entlehnungen aus
der Naziwelt.
Erstaunlich wie offen Die Grünen inzwischen zur NS-
Stilmittel und faschistischen Stereotypen greifen und mit
diesen für sich werben. Noch erstaunlicher aber ist, dass
weder die mit Millionen Steuereuros dotierten anti-Rechts-
Vereine – sonst bei jeder 18 oder 88 auf Turnschuhen oder
Unterhemden lauthals Alarm schlagend – dazu auch nur
irgendeinen Mucks sagen, noch die mit Millionen Steuer-

euros alimentierten Verfassungsschutzämter, welche in vergleichbaren Fällen Organisationen schon wegen geringerer Delikte in ihre Berichte aufnehmen.

Grüner Faschismus aber ist ein ernsthaftes militaristisch-postkolonialistisches Problem, das bei Machtübernahme auch zu Krieg als politischem Mittel greift, wie die unter grüner Regierungsbeteiligung initiierten Überfälle auf Serbien und Afghanistan belegen. Und unter Grüner Herrschaft werden KZs keine Ausnahme sein. Doch sie haben eben den Schutz einer Politikmafia und Bertelsmann Stiftung hinter sich.

Die seit 2013 regelmäßig auftauchenden Boykottaufrufe gegen Produkte aus Israel gehören freilich auch in diese Sparte der NSDAP-Adaption. Denn ehrlich *„Kauft nicht beim Juden"* oder *„Kauft nicht beim Israeli"*, das versteht sich wohl gehüpft wie gesprungen! Ganz zu schweigen von der Unterstützung der Gazaflottile, bei deren Abfahrt *„Send Jews back to Auschwitz"* gegrölt wurde. Der deutsche Verfassungsschutz tut so, als sehe sie nicht und die deutsche Justiz erkennt den Nazi erst, wenn NPD draufsteht. Natürlich alles mit Absicht, heute wie damals.

Die grüne MdB Kerstin Müller, die für die Leitung des Ablegers der Heinrich-Böll-Stiftung in Tel Aviv vorgesehen ist, half höchstpersönlich die Initiative im Bundestag israelische Produkte zu kennzeichnen zu formulieren.

Der Zentralrat der Juden in Deutschland sagte 2010, Müller lege einen *„nicht tolerierbaren paternalistischen Ton"* gegenüber Israel und den Juden in Deutschland an den Tag. 2013 unterstützte sie eine antiisraelische Resolution des Parlaments und griff den Rat in einem Brief an, weil seine Führung sie zu kritisieren wagte. Die *Jerusalem Post* erhielt eine Kopie von Müllers Brief, mit dem sie Deutschlands Juden angriff.

Das *Simon Wiesenthal Center* betrachtet Müllers Ernennung zur Leiterin der Böll-Stiftung in Tel Aviv angesichts ihrer Aktivitäten gegen den jüdischen Staat als skandalös.

Die Pro-Israel-Internetseite *Lizas Welt* tweetete im Juni 2013 sehr schön offenbarend:

> *„Bin nicht sicher, was die Grünen wirklich gegen Nazis haben. Sie kopieren sie manchmal sogar."*

Wer dieses ideologische Geschmeiß jedoch genauer unter die Lupe nimmt, stellt schnell fest, dass es keinesfalls *„manchmal"* ist. Um die Natur perfekter heraustreten zu lassen, müssten die grünen Faschisten nur noch anfangen Uniform zu tragen. Seit 2013 wurde alles nur noch schlimmer.

„Judentum und deutsche Natur sind unvereinbare Begriffe", urteilte die Zeitschrift des Vereins Naturschutz-park 1939 und Die Grünen scheinen das genauso zu sehen.

IV. Grüner Sumpf

*„Ihr lieben grünen Freunde! Wir stehen mit
unserer Partei vor einer kopernikanischen
Wende! Chaos herrscht, wo ein Stern geboren
wird!"*

Mit dieser Parole vereinte August Haußleiter den bunten
Haufen Umwelt- und Friedensbewegter, der sich 1980 zur
Grünen Partei zusammenschloss.
Der damals 75-Jährige Politveteran wurde einer ihrer drei
gleichberechtigten Sprecher. Dass er dieses Pathos in
seiner Tätigkeit als Kriegsberichterstatter für antisemitische
Kampfblätter erlernt hatte, deckten verschiedene Medien
schnell auf. Haußleiter trat als Sprecher zurück, er
bekannte sich zu seiner Vergangenheit, bei seiner
Erklärung klatschten Die Grünen auch noch Beifall – doch
noch 1986 zog er für die bayerischen Grünen in den
Landtag ein. Das Prekäre aber war, dass Haußleitners
Vergangenheit von Anfang an bekannt gewesen war, aber
dies bei den Die Grünen keinerlei Reaktion hervorrief, bis
ausstehende darauf aufmerksam machten. Seine Frau war
Schatzmeisterin der Partei und er nahm weiterhin über die
Parteizeitung großen Einfluss.
Das linksalternative Netzwerk nennt den Nationalsozialisten
noch heute einen Nationalpazifisten. Man fragt sich da
wirklich aus welcher Kloake diese Leute gekrochen
kommen, aber definitiv müssen die von einem anderen
Planeten kommen. Haußleiter gehörte zu den
antiautoritären Anthroposophen des Achberger Kreises
(Bodensee), der Gesellschafts- und Kapitalismuskritik sich
direkt auf die Frankfurter Schule zurückführt.

Die Frankfurter Schule begann in den 1950er Jahren mit
ihrer Ökokritik in der BRD, also von Anfang an. Diese Kritik

war dominiert durch Martin Heidegger, einem Hardcore Nazi. Die (west) -deutsche Linke übernahm diese, als linke Kritik ohne Wenn und Aber! Horkheimer folgte in diesem Punkt blind seinem antisemitischen Freund Heidegger und übernahm dessen Umweltpolitik, die dieser tatsächlich vom Parteipogramm der NSDAP abschrieb.

Reinhard Brückner begründete Die Grünen mit, bis 1945 war er das NSDAP-Mitglied (Nummer: 8.604.663).

Werner Vogel NSDAP und SA Mitglied, wurde 1983 Bundestagsabgeordneter der Die Grünen.

Aber Haußleiter (NSDAP-Mitgliedsnummer: 7.433.874) machte nach dem Krieg genau da weiter, wo er 1945 hätte, theoretisch aufhören müsse, würde denn die Mähr stimmen, dass der Nazi und der Linke ein Gegenteil sind. Doch sein Antiamerikanismus und Antisemitismus ließen ihn stattdessen zu einer Berühmtheit bei der linken Ökobewegung werden.

> *„Der Mensch ist Teil der Natur. Deshalb ist Natur nicht einfach nur Umwelt des Menschen. Der Materialismus der letzten Jahrzehnte hat die Zerstörung der natürlichen Lebensgrund-lagen in unverantwortlicher Weise vorange-trieben."*

Das stammt aus dem Parteiprogramm der NPD. Auch sonst klingt es darin ziemlich grün.

Mitte März 2012 steckte ein NPD-Kampfblatt in vielen Briefkästen Mecklenburg-Vorpommerns. Motto: *„volkstreu, bissig, konsequent"*. Und wendet sich bereits 2011 gegen den Bau von Atomkraftwerken in Polen: *„Keine AKW in der Republik Polen"*, war eine Forderung des Schweriner Landtagsabgeordneten und heutigen stellvertretenden NPD-Bundesvorsitzenden Udo Pastörs. Zwar könnte man fragen, warum eine Partei, die in ihrem Parteiprogramm auf das Selbstbestimmungsrecht der Nationen pocht, den

Polen vorschreiben will, was die zu tun haben. Typisch Nazis, würden Die Grünen bedenkenlos dahin labern, unbedacht, dass ihre Partei dasselbe sagt.

Im bayerischen Landshut verteilt der Verein *Midgard*, hinter dem NPD-Funktionäre stehen, die Zeitschrift *„Umwelt und Aktiv"*. Ihr Credo: *„Nationale Politik ist Umweltpolitik."* Das Thema Umwelt, sagt Nils Franke, biete die Chance, die Zeit des Nationalsozialismus positiv darzustellen. Das war eben genau der entscheidende Punkt bei der Gründung der Die Grünen. Natürlich nicht die,die sich damals zum Gründungsparteitag zusammenfanden, sondern ihre politischen Hinterleute.
„Hinter dem Anliegen, das vielen Menschen als links erscheint", bestätigt die den Grünen nahestehende *taz* aus Berlin, *„stecken oft braune Ökologen, die mit ihrer Umweltfreundlichkeit rechtsextreme Ideen verbreiten."* Das ist falsch, denn es war die NSDAP, die mit dem Thema anfing und ja es war eine linke Partei.

Die *„Blut und Boden"*-Ideologie der NSDAP beinhaltete gesunde Ernährung, die Idealisierung des bäuerlichen Lebens und deutsche Waldromantik. *„Es geht gegenüber der deutschen Natur und Heimat"*, schrieb Hans Schwenkel, Mitinitiator des Reichsnaturschutzgesetzes von 1935, *„um Weltanschauung, um amerikanisch-jüdische oder um deutsche Lebensauffassung und Lebensgestaltung."* Der Naturschutz als ideologische Kriegsführung gegen die Verschwörung der Wall-Street-Juden. Tausche Wall-Street-Juden gegen USrael und Die Grünen, Die Linke und Neu-Rechte applaudieren gemeinsam.

Autarkie war eines der wichtigsten Ziele des NS-Regimes, deshalb war auch das Interesse an nachwachsenden Rohstoffen und alternativen Energien groß. Der *Völkische*

Beobachter schwärmte, die Windenergie würde *„eine völlige Umwälzung unserer wirtschaftlichen Verhältnisse herbeiführen".*

„Reichskrafttürme" hießen die Propelleranlagen damals. Die Gefahr einer durch Menschen verursachten Klimaerwärmung wurde 1959 in dem Roman *Der Tanz mit dem Teufel* erstmals beschworen. Autor war der Österreicher Günther Schwab, der es als Nazi zum SA-Sturmführer gebracht hatte. Im späteren Leben galt er als grüner Visionär, bekam Orden und das *„Ehrenzeichen in Gold des Naturschutzbunds Österreich"*. Diese Idee eines SS-Mannes vom Klimawandel ist gegenwärtig der große Aufmacher in der Partei Die Grünen.

Wer erinnert sich noch an den Hitparadensong bei Dieter Thomas Heck *„Karl der Käfer"*? Es wird mit der Gründerzeit der Die Grünen verbunden. Es war die NSDAP, die ein Herz für Käfer und Bäume vorher entdeckte. Sie sahen es untrennbar mit dem Kampf gegen die weltweite Judenverschwörung verbunden. Rettet die Käfer vor den Wall-Street-Juden! Kommt gewiss noch, zwischenzeitlich raucht man sich noch mit Palästinensern zu.

„Judentum und deutsche Natur", hieß es 1939 in der Zeitschrift des Vereins Naturschutzpark, *„sind unvereinbare Begriffe."* Diese Verschmelzung von Naturliebe und Rassenhass erklärt der Kulturwissenschaftler Friedemann Schmoll mit der gemeinsamen Suche nach *„Ursprünglichem und Unverfälschtem"*.

Auch Die Grünen haben sich in letzter Zeit verstärkt mit als Antizionismus getarntem Antisemitismus ins Gespräch gebracht. Gleichzeitig wehrt sie jeden Vorwurf ab und verweist darauf gegen Neonazis zu sein. Sind sie es aber nur eben deshalb, um ihren Antisemitismus zu verstecken und Konkurrenz auszuschalten?

Als sich Die Grünen gründeten, wurden sie von der Partei AUD (Aktionsgemeinschaft Unabhängiger Deutscher) unterstützt, die sich wegen der Die Grünen auflösten, um seine Mitglieder in die neue Partei zu integrieren. Die AUD wurden von Horace Greeley Hjalmar Schacht mitbegründet: Schacht (1877–1970), war NS-Politiker, Bankier und ein Finanzier der Frankfurter Schule und der NSDAP, Reichsbankpräsident (1933–1939) und Reichwährungs-kommissar, Reichswirtschaftsminister und 1965 dann Mitbegründer der AUD. Schacht gehörte zu den 24 im Nürnberger Prozess gegen die Hauptkriegsverbrecher vor dem Internationalen Militärgerichtshof angeklagten Führungspersonen der Zeit des Nationalsozialismus, wurde aber freigesprochen.

In den 1960er Jahren wurde er Mitglied der rechtsextremen Gesellschaft für freie Publizistik. 1967 hielt Schacht ein wirtschaftspolitisches Referat auf dem Parteitag der nationalistischen Sammlungsbewegung *Aktionsgemeinschaft Unabhängiger Deutscher* (AUD).

Zur Rolle ehemaliger Nazis bei der Gründung der Grünen, schrieb Michael Schroeren 2013, Sprecher der Partei im Bundestag, der *Jerusalem Post* per E-Mail, solche Vorwürfe seien absurd und Anfragen dieser Art führten nirgendwohin. Nazis sind für Die Grünen ganz eindeutig eine politische Waffe, um ihre Meinung gegen demokrati-sche Regeln durchzusetzen. Die Nazis sind aber durchaus Willkommen, sobald sie Die Grünen unterstützen.

Die AUD wurde 15./16. Mai 1965 aus der Deutschen Gemeinschaft, der Deutschen Freiheitspartei (einer Abspaltung der Deutschen Reichspartei) und Teilen der *„Vereinigung Deutsche Nationalversammlung"* gegründet, die alle zum gleichen Hintergrund der Reichsbürgerbewe-gung gehören.

Im selben Jahr verhandelte August Haußleitner mit der NPD über ein Wahlbündnis. 1952 sagte er über die Nürnberger Prozesse *„das dümmste und infamste aller*

Strafgerichte". Haußleiter war bei Hitlers Münchener Bierhallenputsch 1923 aktiv und pries 1942 die deutsche Wehrmacht. Er schürte antiamerikanische und antijüdische Gesinnungen im Westdeutschland der Nachkriegszeit, so berichtete Dr. Clemens Heni gegenüber der Jerusalem Post, dass auch Henning Eichberg 1979 eine wichtige Rolle bei der Gründung der Grünen in Baden-Württemberg spielte, obwohl er sich entschied, ihnen nicht beizutreten. Eichberg hatte enge Bande zum ehemaligen Nazi-Partisanenbekämpfungsspezialisten Arthur Ehrhard von der SS. Zu den Gründerpersönlichkeiten von AUD gehörte auch Wolf-Rüdiger Schenke, ehemals Mitglied der Reichs-leitung der Hitlerjugend und Herausgeber des HJ-Schulungsbriefes *„Wille und Macht"*.
1969 hatte die AUD, die vom Verfassungsschutz beobachtet wurde, ca. 1.500 Mitglieder. Am 27. April 1980 erfolgte – unter anderem nach einer programmatischen Wendung in Richtung Ökologie – ein Auflösungsbeschluss zugunsten der im Januar gegründeten Partei Die Grünen. Die AUD war eine neue Partei im Neonazi Spektrum. Komisch das ein Gründungsmitglied der Grünen (August Haußleitner) auch die CSU und Deutsche Gemeinschaft mitbegründete (wobei Letzteres ebenfalls den Reichsbürgern nahe stand, in der sie aufging).
Die CSU versuchte allerdings ihm sein gewonnenes Mandat wegzunehmen, da man das *An der mittleren Ostfront*, in dem er gern von der *„Kämpferische Zucht der deutschen Wehrmacht"* spricht, als Verherrlichung des Militarismus im Nationalsozialismus sah. Er bekam es allerdings durch das Bundesverfassungsgericht wieder zugesprochen. Die Grünen diskutierten hingegen nie über diese Ansichten.

Die Sache wird aber noch interessanter und zeigt, wie wichtig Haußleitner für die grüne Ideologie wurde. Nachdem er 1969 zum Vorsitzenden der AUD gewählt worden war, begrüßte er die neue Ostpolitik der SPD/FDP-Regierung unter Brandt, und die Partei änderte ihr Programm: reale Demokratie, einen genossenschaftlich geprägten *„Sozialismus der Zukunft"*, die Politik einer friedlichen Neutralität, die die *„Aufklärung der Bevölkerung über die Formen gewaltlosen politischen Widerstandes"* statt einer Wehrpflichtarmee beinhaltete, sowie schließlich, die Gedanken der aufkommenden feministischen Bewegung aufnehmend, ein *„Programm für die Frau"*. Das Konzept des Feminismus wurde in Die Grünen integriert, durch den Altnazi Haußleitner. Er bezog sich auf Sozialismus, also Links wie die NSDAP nämlich auch und auf Pazifismus, was genau betrachtet Die Grünen gerne tun, aber nie waren ihre Straßenschläger und Terroristen in ihren Reihen ein Problem. Auch Hitler hat nie gesagt, dass er Krieg will, bevor er ihn hatte. Zuerst betonte er immer, dass er Frieden wolle.

Als 1972 der *Club of Rome* durch seine Veröffentlich-ung *Die Grenzen des Wachstums der Konsumkritik* der AUD auch eine wissenschaftliche Grundlage verschaffte, wurde der Umweltschutz in Verbindung mit einer ange-strebten gesamtgesellschaftlichen Neuordnung zum neuen Schwerpunkt, dem Haußleiter in seiner Zeitung, die seit 1967 als die unabhängige Parteizeitung der AUD war, immer mehr Raum einräumte und für den er auch eine Reihe namhafter Autoren innerhalb der Umwelt- und Bürgerinitiativenbewegung für Veröffentlichungen gewinnen konnte (Carl Amery, Herbert Gruhl, Roland Vogt).

In diesem Bericht hieß es, dass die wachsende Menschheit die Ressourcen zum guten Teil bis zur Jahrtausendwende aufgebraucht haben werde. Im Jahr darauf erschien *Die acht Todsünden der zivilisierten Menschheit* des österreichischen Zoologen und Nobelpreisträgers Konrad Lorenz, der noch 1988 sagte: *„ (...) gegen Überbevölkerung hat die Menschheit nichts Vernünftiges unternommen. Man* *könnte daher eine gewisse Sympathie für Aids bekommen."* Lorenz, der 1938 kurz nach dem Anschluss Österreichs an Nazi-Deutschland der NSDAP beigetreten war, dominierte zusammen mit anderen ehemaligen Nazis den Umweltschutz der Nachkriegszeit, wie der linke Journalist Peter Bierl schreibt.

Seit ihrer Gründung 1965 bis in die 1970er Jahre hinein wurde die AUD vom Verfassungsschutz beobachtet und in ihren Berichten unter der Rubrik Rechtsextremismus aufgeführt, obwohl sie ein sozialistisches und linkes Programm pflegten. 1969 hatte die AUD laut Verfassungsschutz circa 1500 Mitglieder. Nach Richard Stöss verdoppelte die AUD allein zwischen 1976 und 1978 ihre Mitgliederzahl.

Den Durchbruch auf der Wählerebene gab es mit der Landtagswahl in Bayern 1978. Die AUD bildete mit der von Herbert Gruhl neu gegründeten GAZ (*Grüne Aktion Zukunft*) ein Wahlbündnis, das sich erstmals die Zusatzbezeichnung *„Die Grünen"* gab. Die Liste kam auf landesweit 1,8 %. Ihr bestes Ergebnis erzielte sie in Freising, wo sie 4,8 % der Erst- und 3,7 % der Zweitstimmen erhielt.

Der Erfolg bei den bayerischen Landtagswahlen bewog die Initiatoren des Wahlbündnisses, diese Strategie für die Europawahl 1979 beizubehalten. Die AUD nahm Kontakt zum Bundesverband Bürgerinitiativen Umwelt-schutz, um Petra Kelly auf. Schließlich wurde auf dem Frankfurter Kongress im März 1979 die politische Verein-igung *„Die Grünen"* für die Europawahl gegründet unter Verwendung des Namenszusatzes von AUD. Beteiligt waren neben der AUD die Grüne Liste Umweltschutz (GLU), die Grüne Aktion Zukunft (GAZ) und die Grüne Liste Schleswig-Holstein (GLSH) sowie einige Einzelkandidaten. Diese bei den Europawahlen als *„Sonstige Politische Verei-nigung"* geführte Listenverbindung konnte mit 3,2 % einen ersten

Erfolg verbuchen. Im November 1979 kam es anschließend in Offenbach zur Vorbereitung des Gründ-ungskongresses der Grünen, der im Januar 1980 in Karls-ruhe stattfinden sollte. Hierbei wurde die AUD als „Links" klassifiziert, mit Verweis auf die kapitalismuskritische Haltung, die jedoch identisch der NSDAP war.

Am 27. April 1980 erfolgte ein Auflösungsbeschluss zugunsten der im Januar gegründeten Partei Die Grünen. AUD-Gründer August Haußleiter wurde Parteisprecher und gab zunächst die Parteizeitung *Die Grünen* heraus. Ehemalige AUD-Mitglieder wurden Vorsitzende der beiden süddeutschen Landesverbände der GRÜNEN, sodass sie vor allem dort zur Zeit der grünen Gründerjahre einen nennenswerten Einfluss erhielten.

Das von den Nationalsozialisten geschaffene Natur-schutzgesetz blieb ebenso wie das Tierschutzgesetz noch bis in die 1970er Jahre in Kraft. Nicht nur in juristischer Hin-sicht gab es Kontinuität. Ex-Nazis waren in der Führungs-spitze der großen Umweltverbände aktiv und gehörten zu den Gründervätern der Grünen. Dies war zwar bei CDU, SPD und FDP nicht anders. Doch in den Altparteien eroberten die braunen Seilschaften unmittelbar nach dem Krieg neue Schlüsselpositionen, in einer Zeit in der Unordnung herrschte und vieles leicht übersehen werden konnte. Wenn jedoch 30 Jahre später bei Gründung der Grünen Nazis mitmischten, hat dies ein ganz anderes Kaliber. Und widerspricht einem zentralen Mythos der Partei: Man sei 1980 in aller Unschuld als völlig neue politische Bewegung angetreten. Keineswegs, man hatte sich, und das ganz bewusst, mit Nazi Kadern formiert.

Den allermeisten Mitgliedern sind die braunen Wurzeln der Die Grünen vollkommen fremd. Einer der wenigen, die sich damit befassten, ist ausgerechnet Jürgen Trittin. Er hat einen Beitrag auf seine Website gestellt, in dem er von *„erheblichen Schnittmengen"* und *„zahlreichen Berührungspunkten"* schreibt. Der Naturschutz sei *„in mehrfacher Beziehung anschlussfähig an das Ideologienkonglomerat der Nazis"* gewesen.

Der Kunsthistoriker Beat Wyss deckte auf, dass Joseph Beuys, prominentes Aushängeschild der jungen Grünen, einst zum Dunstkreis der völkischen Nationalrevolutionäre gehört hatte. Baldur Springmann (Stahlhelm, Schwarze Reichswehr, SA-Mitglied, SS-Mitglied, Mitglied der NSDAP, als Marineoffizier "NS-Führungsoffizier") war zu Beginn der 1980er Jahre eines der bekanntesten Gesichter der Partei. Die Grünen relativierten schnell und sprachen von

Übertreibungen. Springmanns Drall ins Politikextrem war meiner Ansicht nach noch ausgeprägter als es aus dem "Wikipedia"-Artikel hervorgeht. Bis in den Tod, wie diese Todesanzeige von "Rassen-Jürgen" Riegers "Artgemeinschaft" zeigt.

1982 verließ er die Grünen und wurde Vize der neuen Ökologisch-Demokratischen Partei. Die verließ er später auch, um in mehreren Neonazigruppen zu arbeiten. Von ihm stammte der Ausspruch:

„Das System ist kriminell, der Staat zum Feind des Menschen geworden!" (1976)

Was man beliebig der Philosophie der Die Grünen oder Reichsbürger zuordnen kann. Mit diesem Spruch kandidierte er im Wahlkreis Düsseldorf-Oberkassel, erhielt aber nur 3 % der Stimmen, denn er stand in heftiger Kritik wegen seines Neonaziumfeldes. Zu diesem Zeitpunkt deklarierte sich die AUD zu *„Deutschlands erste Umweltschutzpartei"* und daher bezogen Die Grünen diesen falschen Mythos auf sich. Dass das, was Springmann *"Naturreligiosität"* nannte, rechte Esoterik mit deutlich ariosophischem Einschlag war, wurde von Die Grünen komplett ignoriert. Sie wollten das System des Bürgerstaates BRD zerstören, wie die Nazis es ebenso.

1979 war Beuys Direktkandidat der Die Grünen für das Europaparlament und trat bei Wahlveranstaltungen gemeinsam mit Rudi Dutschke auf, der das Konzept des Langen Marsches durch die Institutionen entwarf, um die BRD durch Zersetzung zu zerstören. An seiner Seite dabei die Neonazis. Und vielleicht sogar Ideengeber, denn technisch hatte die NSDAP nach dem gescheiterten Putsch genau das Gleiche getan. Beuys war später für die Parteipropaganda und Wahlplakate der Die Grünen zuständig.

Da wir nun beim Thema Parteipropaganda sind, möchte ich darauf aufmerksam machen, dass der Slogan „Und Du?" keineswegs von Die Grünen erfunden wurde, sondern vom „Stahlhelm / Bund der Frontsoldaten" über-nommen. Das Motto des völkischen Kampfbundes, der in der BRD verboten wurde, zur Gewinnung neuer Republik-feinde lautete vor 80 Jahren: „UND DU?".

Die Grünen sind die Ersten seit Verbot des Stahlhelms, welche diese Naziwerbestrategie plagiieren und plakatieren. Mit einem Unterschied: Der abgebildete Stahlhelmmann war nicht minderjährig, als er für politische Propaganda missbraucht wurde. Auf diese Wiederbelebung faschistoider Massensuggestion angesprochen, versucht die grüne Partei ihr „Rechts"-Extremismusproblem durch Schweigen auszusitzen. Auf ihrer Facebookseite wird jeder gesperrt, der sie bezüglich der Motivation der Motivwahl zur Rede stellen will.

Aber wo man Menschen aussperrt, sperrt man am Ende auch welche ein! Der NS-Charakter der Die Grünen ist eklatant. Ein echter Antifaschist erkennt das in jeder ihrer Behauptungen, Aussagen, Taten, Haltungen.

Werner Vogel, Spitzenkandidat der Landesliste NRW, gehörte 1983 zur ersten grünen Parlamentsfraktion. Als Ältester sollte er die Eröffnungsrede im Bundestag halten. Doch dazu kam es nicht, da unmittelbar nach der Wahl seine Vergangenheit bekannt wurde: SA-Sturmführer und NSDAP-Mitglied.
Ein Jahr nach dem Fall Vogel stellte die Partei Luise Rinser als Kandidatin fürs Bundespräsidentenamt auf, die einst hymnische Gedichte auf Hitler verfasst hatte und noch 1981 in ihrem *„Nordkoreanischen Reisetagebuch"* den marxistischen Diktator Kim Il-Sung rühmte.
Ein anderer Grüner der ersten Stunde war Alfred Mechtersheimer. Er nahm den umgekehrten Weg, war zuerst grün und später Neonazi. Der Friedensaktivist saß bis 1990 für die Partei im Bundestag. In einem Bericht des bayerischen Verfassungsschutzes von 1997 heißt es, Mechtersheimer habe sich *„zu einem der wichtigsten Protagonisten rechtsextremistischer Bestrebungen entwickelt"*.

Dieter Burgmann entstammte der AUD und wurde bei den Die Grünen zum Nachfolger von Haußleiter gemacht, der zurücktrat wegen seines Nazi Hintergrundes. Dabei kam Burgmann aus dem gleichen Umfeld. Er trat übrigens aus Die Grünen aus, als Protest gegen die NATO Angriffe 1999 auf Serbien.
Aus demselben Umfeld stammte Herbert Rusche (Vorstand des AUD-Kreisverbandes Offenbach/Frankfurt), der bei AUD ein Aktivist der Schwulenbewegung war und so zu den Die Grünen kam.
Auch die Nazis hatten eine Schwulenbewegung, bis man an der Macht war und beschloss diese nicht mehr zu benötigen. In der Weimarer Republik gehörten die Witze

über Schwule zur Standard anti-NSDAP Propaganda. Selbstverständlich wurden die Schwulen ausgenutzt, doch genau das muss den Schwulen heute klar sein, wenn sie einer Partei nach dackeln, die die NS-Politik kopiert. Von 1981 bis 1983 amtierte Rusche als Landesgeschäftsführer des hessischen Landesverbandes der Grünen. In seiner Amtszeit zogen die Grünen 1982 mit 8,6 % der Wählerstimmen erstmals in den Hessischen Landtag ein. Gegenwärtig ist er bei der Piratenpartei.

Nicht nur die Grünen haben braune Flecken in ihrer Geschichte, auch die großen Umweltverbände. Lina Hähnle, Vorsitzende des *„Reichsbunds für Vogelschutz"* (heute *NABU*), bot einst Hitler *„freudige Gefolgschaft"* an. Auch der *„Bund Naturschutz in Bayern"*, Vorläufer des heutigen *BUND*, frohlockte:
> *„Keine Zeit war für unsere Arbeit so günstig, wie die jetzige unter dem Hakenkreuzbanner der nationalen Regierung."*

Später, zwischen 1958 bis 1963, war Alwin Seifert *„Bundesleiter"* des *„Bund Naturschutz"*. Der Landschaftsarchitekt hatte dem NS-Regime ab 1940 als *„Reichslandschaftsanwalt"* gedient und in dieser Funktion dafür gesorgt, dass die Ränder der Autobahnen mit deutschen Gewächsen bepflanzt wurden. Er war der Organisator des Biogartens im KZ-Dachau. Außerdem befasste er sich mit der Umgestaltung der eroberten *„Lebensräume"* im Osten. Gemäß der Anweisung Himmlers sollte sich *„der germanisch-deutsche Mensch"* dort zu Hause fühlen. Dass dafür Millionen Russen vertrieben werden sollten, war Seifert wohl bewusst. Skrupel deshalb sind ebenso wenig überliefert, wie wegen seiner Kontakte zum biologisch-dynamischen Kräutergarten im KZ Dachau, in dem zahllose Juden zu Tode geschunden wurden. Ein Vierteljahrhundert später schrieb Seifert das Buch *„Gärtner, Ackern – ohne*

Gift", bis heute ein Bestseller und laut *Amazon „eine Bibel der ökologischen Bewegung".*

Die Existenz und Einflussnahme auf staatliche Strukturen und Steuergelder, durch die Grünen, gefährdet den zweiten Versuch in Deutschland eine Demokratie zu etablieren. Von Anfang an hat diese Partei gegen die moderne und offene Gesellschaft der Demokratie gekämpft. Rein soziologisch betrachtet entstammte der ursprüngliche Nukleus dieser Bewegung der Weimarer Zeit und später der Grünenbewegung dem gleichen antimodernen Segment der Gesellschaft wie bei der NSDAP, einem radikalisierten Teil der deutschen kleinbürgerlichen Mittelschicht.

Die Grünen legen es darauf an Wähler vom Wählen abzuhalten, was in einer Demokratie zwar ein sehr schweres Verbrechen ist, nicht aber im gutmenschlichen Hippiestaat BRD. Wobei die Reichsbürgerbewegung den Die Grünen freilich hilfreich ist. Die Wahlbeteiligung sinkt und wird im Endeffekt von einer fanatisierten Minderheit gemacht. Wir sehen das sehr deutlich bei den Wahlen: je höher der Stimmenanteil der Die Grünen, umso niedriger die Wahlbeteiligung. Auch im internationalen Vergleich ist auffällig: Nirgendwo in den westlichen Staaten sank die Wahlbeteiligung in den vergangenen 30 Jahren so stark wie in Deutschland. Gleichzeitig wurden die Grünen hier besonders stark. Aber eben nur dank ihrer antidemokratischen und systemfeindlichen Haltung. Die Grünen sind aber dennoch eine internationale Bewegung, Dank der Unterstützung der Bertelsmann Medien.

Die Grünen leiten aus ihren Prozenten einen angeblichen Auftrag zum Umkrempeln der Politik ab, der massenweise Wähler der unteren sozialen Schichten verprellt.

In Baden-Württemberg hat Winfried Kretschmann knapp 16 Prozent aller Wahlberechtigten hinter sich versammelt, leitet aber daraus ein Mandat für einen radikalen Politikwechsel ab. Die Grünen haben sich immer als die

Gutmenschen präsentiert, die für Umweltschutz, Frieden und Frauenrechte sind. Wer kann schon dagegen sein? Da haben sich die anderen Parteien angepasst. Die Grünen erhielten zudem massive Unterstützung von Wissenschaftlern und einem großen Teil der deutschen Massenmedien. Diese wissenschaftlich-mediale Unter- stützung lässt die Grünen größer wirken, als sie sind. Und sie haben sich ohnehin genau die Knackpunkte heraus- gezogen, die der NSDAP damals dazu diente sich als hippe Neue Welle zu präsentieren.

Für die Grünen bedeutet Politik vor allem Umerzieh-ung und Zwang, Abbau der Demokratie und Unterdrückung der Freiheit des Individuums. Demokratische Elemente werden gekonnt vernachlässigt. Politik, das ist für die Grünen ein groß angelegtes Umerziehungsprogramm (was auch kein Wunder ist für eine Partei, deren Klientel überwiegend aus Lehrern und höheren Beamten besteht).
Da ermahnt etwa der nordrhein-westfälische Umweltminister Johannes Remmel sein gefräßiges Volk, nur einmal pro Woche Fleisch zu essen, während seine grüne Ministerkollegin Barbara Steffens ein landesweites Verbot von Raucher-Klubs durchsetzt. Und stets droht die grüne Tugendhaftigkeit, ins Persönlichdiffamierende zu kippen: Als etwa der CDU-Bundestagsabgeordnete Michael Fuchs im Zuge der Energiewende nicht von seinem Pro-Atom-Kurs lassen wollte, marschierte regelmäßig eine grüne SA bei ihm auf – vor seinem Privathaus, wohlgemerkt. So viel zur frommen Legende, die Grünen seien eine liberale Partei. Es sind die Methoden der Nazis.

Sämtliche Grünen, die heute von der Partei- oder Regierungsarbeit leben, sind Menschen, welche bereits in ihren jungen Jahren instinktiv geahnt haben, dass sie zu richtiger und geregelter Arbeit nicht fähig sind und ihnen nur ein jämmerliches Leben in stinkenden kleinen Wohnungen und Einkäufen bei Aldi bevorsteht. Auch ein *"politisch engagierter"* Lehrer, engagiert sich nur deswegen in der Politik, weil er seinen Scheiß-Lehrer-Job nicht verrichten und sich fürderhin mit Polit-Blabla Hochverdienen möchte.

Grün zersplittert die Gesellschaft und hat sie anfällig für paranoide Reaktionen gemacht. Sie zersetzt das System und zerstört es dadurch.
Die Grünen tragen einen wesentlichen Teil der Verantwortung dafür, dass die Gesellschaft zerfleddert, sich in Parallelgesellschaften aufspaltet, und sich unregelmäßig rhythmisch mit einer gewissen manischen Selbstzerstörung befasst oder sich an nebensächlichen Sinnlos-Themen abarbeitet. Womit man aber von den wichtigen Themen abzulenken versucht. Der wesentliche Grund für die destruktive Wirkung der Grünen liegt gewiss darin, dass sie ihre politischen Entscheidungen zumeist nicht der Sache wegen treffen, sondern aus einer sachfremden Motivlage heraus. Die Welt auf den Kopf stellen, die Realität in ihr Gegenteil verkehren, Menschen oder Gruppen von Menschen provozieren, quälen, mobben, der Teufel sein, aber den moralistischen Natur-und Menschheitsretter geben - das alles ist die grüne höchste Wahrheit. Als Die Grünen nun wieder mal an vorderster Pädophiliefront standen und laut Katrin Göring-Eckhardt angesichts von 1000 Berliner Opfern sogar *„erschüttert"* waren, macht die Heuchelei der Grün-Braunen Mischpoke einmal mehr deutlich.

V. Reichsbürgerbewegung

Zuerst sah ich in den Reichsbürgern Querulanten, die auf
eine lustige Weise versuchen auf die politischen Missstände aufmerksam zu machen. Etwa nach dem Motto:
Unsere Politiker wollen sich nicht um ihr Volk kümmern,
also suchen wir uns eine Alternative. Schon etwas schräg,
aber auch originell. Es ist auch wirklich so, allerdings eben
nicht ausschließlich. Hinter der Bewegung steckt weitaus
mehr. Doch das sie eine Alternative sind, um den
gegenwärtigen Zerfall, der von innen herausverfaulenden
BRD aufzuhalten, bezweifle ich.
Natürlich sind sie das nicht, denn ihr klares Ziel ist es eine
BRD GmbH abzuschaffen, um diese mit dem Deutschen
Reich auszutauschen. Ihre Auftritte erinnerten mich
befremdlicherweise immer an irgendwelche Logentreffen.
Abgesehen von den Querulanten und höchst seltsamen
und kopfbeschränkten Leuten, gibt es einen Kern in der
Bewegung, die ein extremes nationalsozialis-tisches
Gedankengut vertritt.
Für die gegenwärtige Emanzipation der Volksbe-wegung
sind diese eher hinderlich und gefährlich, da sie diese
Bewegungen infiltrieren und zu zweckentfremden suchen.
Leider sehe ich da nicht genug Vorkehrungen, diese
Infiltrationen zu unterbinden.
Aber es gab noch etwas anderes, was nicht ins Bild passt,
und zwar, dass diese Reichsbürgerbewegung nicht die
Einzigen sind, welche von der BRD GmbH reden.

Es sind nicht nur Leute des Volkes, die von der immensen
Publikationsflut der Reichsdeutschen überwältigt sind und
nicht immer ist die Quelle klar erkennbar. Sie selbst
alimentieren sich aus Moskau Medien.
Es ist noch etwas anderes, das mir seltsam vorkam. Und
zwar das auch Die Grünen von der BRD GmbH sprechen

(abgesehen davon, dass sie auch die Putinisten der Die Linke dieser Welle bedienen). So Jürgen Trittin im Wahlkampf 2009, der dies immer wieder unaufgefordert einwarf, etwa im TV Drei Kampf sprach er von der Firma BRD und degradierte Angela Merkel zur Geschäftsführerin. Ein anderes Mal sprach er klar von der GmbH.

Was soll das? Ich kam daraufhin zu einer Hypothese, der zugrunde liegt, was ich in anderen Artikel meines Blog genauer darstellte. Die Grünen sind keine linke Partei, sie sind ein Herrschaftsinstrument zur Zersetzung von Staat und Gesellschaft.

Andere Politiker wie Ditfurth (Ex Grüne), Roth und Künast kann man getrost unter Ulk verbuchen, diese Trullas stehen mit einem Bein im La-La-Land. Das Interesse der Grünen ist genauso wie das der Reichsbürger staatsfeind-lich, antisemitisch und undemokratisch. Und das ist eine Basis, die nicht gerade gering ist. Beide wollen den Staat BRD und das Grundgesetz zerstören. Wäre es nicht logisch das diese Leute sich der Reichsbürger bedienen, als eines von vielen Übeln zur Destabilisierung?

Die deutsche Linke und die Grünen haben schon lange Verbindungen zu Neonaziszene in ganz Europa. Auch wurden angebliche Neonazi Attacken von denen selber vorgetäuscht, um sich dieses Schreckens politisch zu bedienen. Die reale Neonazi Szene ist sehr schwach, wurde von politischen linken Gruppen immer wieder gefördert.

Auf jeden Fall, für jeden, der die BRD destabilisieren möchte, mit welchem Ziel auch immer, muss ein Interesse an der wachsenden Reichbürgerbewegung haben. Dass ein Großteil dieser sehr begrenzt im Intellekt ist, macht die Sache einfacher, man muss nur die wenigen Führungs-personen kontrollieren. Meiner Meinung nach zweifelt und hinterfragt der Reichsbürger nicht. Er ist hochgradig ideologisiert. Gibt sich eine anteilmäßige Attitüde bezüglich

der Gesetze, die falsch interpretiert sind, doch jeder
Widerspruch und Gegenargument beendet zwar die
Diskussion und führt zu einem wilden Geschrei und
Angriffen, doch es bestätigt ihn nur noch mehr, das man
ihm versucht eine andere Welt vorzugaukeln.
Ich vermeide es inzwischen mit diesen Leuten zu
diskutieren, da es mich nur Zeit kostet. Es gibt eine zweite
Gruppe, bei der ich genauso denke, es ist Die Grünen.

Die Basis dieser Partei besteht aus derselben hochgradig
radikalisierten Personendunst, die aus dem Kleinbürgertum
kommen. Bei beiden Gruppen finden wir
Holocaustleugnung und Antisemitismus. Beide Gruppen
haben eine ähnliche esoterische Basis in der Anthropo-
sophie von Rudolf Steiner, der sich darin an die Theo-
sophie, Rosenkreuzer und Gnosis anlehnt, als auch an die
idealistische Philosophie. Er ist sehr wichtig in der Waldorfpädagogik, diese wiederum sehr der Grünenbewegung
verbunden ist. Allerdings war er auch bedeutsam für die
esoterischen Kreise bei den Nazis, zu denen alle hohen
Politiker des 3. Reiches gehörten, außer Goebbels. Um-
stritten sind Äußerungen Steiners bezüglich Juden,
Rassenideologie und Kreation eines Neuen Menschen.

September 2014 gab es einen Vorfall an der Freien
Waldorfschule Rendsburg. Wie die Schleswig-Holsteinische
Landeszeitung (SHZ) berichtete, wurde ein Pädagoge
entlassen, da man ihm Verbindungen zu verfassungs-
feindlichen Gruppen wie NeuDeutschland, Deutsches
Polizeihilfswerk und Reichsbürger nachsagte. Leider deu-
tete dies bereits eine sehr schlechte Recherchearbeit der
Zeitung an, auch weil NeuDeutschland, Deutsches Polizei-
hilfswerk (DPHW) sind Organisationen der Reichsbürger.
In einem weiteren Artikel berichtet die SHZ, dass die
betreffende Person 2012 bei der Krönung von Peter
Fitzeks, zum König von Deutschland, anwesend gewesen

war.

Die eigentliche Geschichte der Reichsbürger ist erstaunlich lang. Dass sich Spinner so lange halten können, spricht für meinen Verdacht, dass diese Bewegung von Leuten im Hintergrund gefördert wurde. Gleiches gilt für die Grünen, die auch Spinner sind. Die Spinnen vielleicht anders, aber spinnen tun sie, das ist Fakt!
Aber ausgerechnet jetzt erstarken die Reichsbürger. Erstaunlicherweise erhalten sie Unterstützung von linken Anarchisten und der antiimperialistischen Linken. Warum? Ich vermute zur Destabilisierung des Staates BRD. Warum sollten Anarchisten einen anderen Staat stärken? Nein, ihr Interesse ist es die BRD loszuwerden, dass die Reichsbürger sich durchsetzen, damit rechnen sie nicht aber sie wollen Chaos fördern und ausnutzen.

Hier in unserem konkreten Fall konnte das DPHW, als Teil der Reichsbürger im März 2013 eine Veranstaltung an der besagten Waldorfschule durchführen. Die SHZ nennt in keinem Artikel den Namen des Betroffenen, auch nicht andere deutsche Zeitungen, die vielleicht nur von der SHZ abgeschrieben hatten. Doch es handelte sich um Dieter Eick, damaliger Geschäftsführer der Schule.
In einem Artikel vom 2. Juni 2012 nennt die SHZ sehr wohl seinen Namen und lobt ihn für sein großes Engage-ment beim Aufbau der Waldorfschule. Auch war er ein sehr großer Aktivist bei Die Grünen von Schleswig Holstein. Interessanterweise wird Dieter Eick in einer Meldung vom 25.03.2015 weiterhin als Vertreter des Waldorf-Schulverein e.V. aufgeführt. Allerdings in Würzburg.
Interessant wurde hier jemand von Schleswig Holstein nach Franken versetzt, um die Wellen schlagenden Ereignisse abzuschwächen? Alles sieht danach aus, daher vermied man es wohl in der SHZ, den Namen der betref-fenden Person zu nennen? Sie hofften das dumme Volk vergisst.

Natürlich sagte die Schulvertretung *"Verfassungs-feindliches und rechtsradikales Gedankengut haben an einer Waldorfschule keinen Platz"*, so zitiert die SHZ Henning Kullak-Ublick und Thomas Felmy. Was sonst sollten sie auch sagen?
Nur warum verblieb dann das Corpus Delicti bei den Waldorfschulen, nur eben ganz weit weg. Wieso vermeiden es die Zeitungen irgendeinen Hinweis auf die Identität dieses staatsfeindlichen Subjektes zu geben, behauptet aber es sei ein Ex-Mitarbeiter - was eine glatte Lüge ist?

Es ist auch nicht das erste Mal, das die Waldorf-schulen in Zusammenhang mit nationalsozialistischer Ideologie gebracht werden.
Die Reichsdeutschen sind in vielen neuesoterischen Strömungen vertreten. Haben eine linke Kapitalismuskritik, fördern den Plan des Grundeinkommens wie die Grünen oder Die Linke. Sie sind für Bioanbau in Gemeinschaften (Kommunen). Natürlich gegen den Euro. In vielen Punkten, außer der Pädophilie und Kindererziehung, haben die Reichsbürger gleiche oder ähnliche Ansichten wie die Grünen, besonders in den Bereichen Gesundheit und Umwelt.

Der Grundeinkommensaktivist Ralph Boes ist mit dem anthroposophischen Milieu der Reichsbürger ebenso ver-netzt, wie mit den Grünen die sogar Auftritte für den Akti-visten organisieren und verschiedene Grüne Regional-politiker machen dabei den Moderator. Boes erklärte einmal Adolf Hitler zu einem *"einzigartig kreativen Impuls"*, womit er wohl die Meinung der Grünen auf den Punkt brachte. Die Grünen schaffen es alle Kritik auf Hitler zurückzuführen. Wer gegen den Genderwahn ist und auf Mann und Frau besteht, ist ein Nazi, denn die Einteilung Mann und Frau wurde erst von den Nazis eingeführt, so die Vertreter der

Partei der Geisteskranken. Wer gegen die Pädophilen ist, ist gegen das Recht der freien Sexualität und wer gegen die Freiheit der Grünen ist, ist ein Nazi. Die Welt der Grünen ist sehr einfach konstruiert, weil das für Menschen die es gewohnt sind, mit der Hirnanhangsdrüse zu denken, leichter zu verstehen ist.

Die Reichsbürger verhalten in der Weltsicht sich sehr ähnlich. Ralph Boes weist eine Verbindung zu den Reichsbürgern weit von sich, obwohl er mehrmals auf deren Veranstaltungen auftrat.

Es gibt viele andere, die im klaren Bewusstsein den Brückenschlag zwischen Grünen und Reichsbürger vollziehen. So wie ein gewisser Gerhard Schröder (nicht der Ex Kanzler), der auf der NeuDeutschland-Messe 2011 einen Vortrag über die biologisch-dynamische Anbauweise hielt. Die Organisation betreibt nämlich die alternative Kommune *"Gartenprojekt in Apollensheim"*. Dieses soll eine autarke Bioproduktion betreiben.

Martin Matzat, ein Diplom Wirtschaftsingenieur, der sich der Börse abwendete und der Freiwirtschaft nach Silvio Gesell verschrieb. Er ist involviert in die Regional-währung Rends, einer alternativen Lebensgemeinschaft in Rendsburg, die sich in Regenbogenfarben präsentiert.

Und die Hamburger Partei Die Violetten, die nichts anderes als spiritistische Grüne sind, holt ihn zu Vorträgen und verband ihn mit den Gesundheitsschulen.

Sowohl Boes, der nun nichts von den Reichsbürgern wissen will, als auch Matzat, der sich zu diesen bekennt, sind bekannt und eng vernetzt. Ein Eintrag auf dem inhaltsarmen aber Reichsbürgerblock *"Deine Rechte - Unsere Rechte!"* von Mazat, findet sich ein Vermerk von Boes, der sich zuerst bei Mazat bedankt. Dieser Eintrag vom 21. Nov. 2012 will Werbung machen, für die alternative Lebensform *"FreiWIND - Initiative freier und eigenverantwortlicher Menschen"*, die er verlinkte und vorstellte.

Es wurde erzählt, dass man mehrere Gemeinden in Deutschland gründen werde. Die eigentliche FreiWIND Seite aber erzählt sehr interessante Dinge. Erst einmal erinnern diese Gemeinden an Kommunen, sie ist alternativ, biologisch und antikapitalistisch, was sehr befremdlich ist und man es eher bei den Grünen erwartet, als bei Neonazis.

Zum anderen heißt es, dass die gegenwärtige Krise hausgemacht ist. Das mag ja richtig sein, aber von wem? Schauen wir uns die Politik der vergangenen Jahre an, so wird klar, dass die Verarmung in Deutschland und sozialen Unruhen eben nicht vom Kapitalismus an sich, von der sozialen Marktwirtschaft im speziellen kommt. Sondern durch die Politik der Linken, genauer Rote und Grüne. Die faktische Abschaffung der sozialen Marktwirtschaft, die bis zur Gegenwart weitergeht, verdanken wir SPD und Grüne. Lustig ist auch, dass die von Antikapitalisten geforderte *"soziale Gerechtigkeit"* ohne die Früchte des Kapitalismus nicht einmal von den Antikapitalisten selbst erdacht wurde, weil ohne die benötigten Ressourcen eine Umverteilung nicht stattfinden könnte. *"Soziale Gerechtigkeit"* ist also nichts anderes als ein Euphemismus für Raub und die Subventionierung antriebsloser Versager.

An der Entstaatlichung des Energiesektors verdienten sich Grüne dumm und dämlich im Sinne eines neoliberalen Spekulanten. Sie wurden zu Monopolkapitalisten. Hartz 4, Genderwahn und jeder politische Schwachsinn der letzten Jahre verdanken wir denen. Anderswo wären die längst geteert und gefedert über die Landesgrenze geknüppelt worden, nicht im Gutmenschen-Hippiestaat.

Angela Merkel machte aus der CDU nur eine Scheinalternative, die aber praktisch den ganzen Mist mit trägt. Deutschland wurde instabil und durch den immensen Abfluss an Geld ins Ausland ärmer. Linken dient das, um

Unruhe im Volk zu verursachen.

In der ganzen Welt sorgten Linke nur für Destabilisierung und soziale Armut. Auch wenn der Kapitalismus als solches für Ausbeutung steht, ändert es nichts daran, dass die Linken keine wirkliche Alternative boten. Und genau vor diesen ungehemmten Auswüchsen des Kapitalismus sollte uns die Soziale Marktwirtschaft schützen und die Mittelschicht stärken. Die SPD führte die soziale Marktwirtschaft ein und die SPD, mit den Grünen, schaffte sie ab. Weil diese angeblich linken Parteien längst von Feind kontrolliert werden.

Die Reichsbürger sind zuerst mal ein Geschäft, denn da wird Spielgeld aus dem Bürodrucker zu echtem Geld. Wertlose Reichsausweise und allerlei Müll verkauft. Ein riesiges Betrugsgeschäft, wie Bioläden, alternativer Energiemarkt und Waldsterben, typisch Grün halt, aber mit Nationalcharakter. Doch was sagte Boes über Hitler? *"Einzigartig kreativen Impuls."* Er verband den Sozialismus mit dem Nationalcharakter, so erreichte er es eine stärkere Macht als die Kommunisten zu werden. In ganz Europa paktieren Internationalsozialisten inzwischen mit Nationalsozialisten, auch wenn es offiziell verneint wird.

Das verbindende Element zwischen den Philosophien von Grünen und Reichsbürgern scheint das Schulkonzept zu sein. Aber ein einfacher Blick bei NeuDeutschland offenbart zunächst eine Verbindung zu Goethe, Tolstoi, Montessori und Pestalozzi. Nichts deutet auf Rudolf Steiner hin. Ein Schwerpunkt scheint bei Montessori zu liegen. Doch das Schulkonzept fügt sich gut ein in den Grundduktus der Reformpädagogik: Freie Entfaltung der Individualität wird beschworen, als auch der pädagogische Wert des Vorbildes. Überhaupt profiliert man eine *"freie Schule"*, die auf lebenslanges Lernen, natürliche Materialien basiert. Das Lehrer-Schüler-Verhältnis wird hingegen sehr unklar

formuliert und lässt Steiner nicht erkennen.
Anknüpfungspunkte zur Reform- und Waldorfpäda-gogik
finden sich hingegen wie Sand am Meer und springen
jedem NeuDeutschen ins Auge. Die Waldorfschulen haben
sich von diesen Punkten nie distanziert, wie der Fall in
Schleswig Holstein zeigte, das ganze Gegenteil ist der Fall.
Kommt es zu einem öffentlichen Skandal, wird das Corpus
Delicti nur verborgen. Noch immer werden Bücher von
Lorenzo Ravalgi und Hans-Jürgen Bader genutzt, die die
rassistischen Ansichten Steiners befürworteten und
erklären das die Lehre Steiners lediglich als humanistische
Menschheitsversöhnungslehre missverstanden wurde.
Auch weigert sich der Waldorf-Bund die zwielichtige
Geschichte der Waldorfschulen als Kaderschmiede der
Nationalsozialisten, zur Schaffung des Neuen Menschen zu
betrachten. Stattdessen sehen sie sich inzwischen als
Kaderschmiede der Grünen.

Als Bundesinnenminister förderte ausgerechnet Otto Schily,
vorher Terroristenanwalt der RAF, dann Förderer der RAF
und dann Grünen und SPD Politiker, als zukunftsweisend
die Waldorfschulen. Wandlungen, die das krasse Verhältnis
vom RAF-Gründer Horst Mahler, hin zum Holocaust
leugnenden *"Heil Hitler"*-Rufer verständlich machen.
Der Bruder von Otto Schily, Konrad Schily, war langjähriger
Präsident der anthroposophisch inspirierten
Privatuniversität Witten-Herdecke. Daraufhin kam es zu
einem sprunghaften Interesse an den Waldorfschulen.
Genau, als diese Generation ihre Ausbildung an den
Waldorfschulen beendet, beginnt der zunächst mysteriös
erscheinende Aufstieg der Reichsdeutschen. Bereits am 4.
Mai 2005 trat Schily als vehementer Verteidiger in
Erscheinung, der sich gegen jede Kritik an den Waldorf-
schulen wehrte, die es nämlich schon lange gab, in Er-
scheinung.

Man beruft sich oft darauf, dass Waldorfschulen ja verboten waren im Dritten Reich. Das sagt aber nicht, dass sie ideologisch in Opposition standen. Im Dritten Reich war jegliche Art von nicht staatlicher Bildung verboten. Die Waldorfpädagogik erfreute sich größter Beliebtheit, nur nicht eben an Freien Waldorfschulen, sondern staatlich kontrollierten. Dies war auch nicht notwendig, wenn man mit einem Regime konform ist. Die Unabhängigkeit ist nur dann wichtig, wenn man in Opposition geht.

Im März 2015 schaffte es Otto Schily endlich mal wieder von sich reden zu machen. Und das ausgerechnet, auf den Spuren von Horst Mahler, der nämlich wegen Holocaustleugnung ins Gefängnis kam, bezweifelte das dieses Gesetz gegen Holocaustleugnung noch angebracht sei. Er redet davon, dass man den entsprechenden Paragrafen 130 des Strafgesetzbuches überdenken solle. Er dachte dabei insbesondere an seinen Freund und Anwaltskollegen, nicht zu vergessen Terrorist und Neonazi, Horst Mahler.

Viele Lehrer und Eltern von Schülern der Waldorf-schulen sind aber auch Grüne, die sich den alternativen Strömungen der 1970er und 80er verpflichtet fühlen. Doch eine Strömung dieser Zeit sind eben auch Reichsdeutsche. Zugegeben gab es einige flüchtige Bemerkungen, aus dem Lehrerpersonal der Waldorfschulen, die eine Unterwan-derung durch Reichsdeutsche vermuteten, doch wie wird damit umgegangen? Die Waldorfschulen lassen keine Kritik an Rudolph Steiner zu. Von den Bemerkungen von Rudolph Steiner, die eben als rassistisch gewertet werden aus heutiger Sicht, wird sich nicht distanziert. Stattdessen grenzt sich die Schule von Lehrpersonal ab, die sich öffentlich zu den Ansichten Steiners bekennen. Heißt also das, wer nicht an die Öffentlichkeit geht, unbehelligt bleibt. Das Problem ist, das dies nicht die Ansichten ändert.

Das Problem bei den Reichsdeutschen ist, dass wie immer das nicht korrekte Schema von rechts und links angewendet wird. Tatsächlich können sie politisch beinahe in jede Sparte gepackt werden. Sie sind auf eine Sekten-artige und äußert bizarre Weise eigentlich ein Abbild unserer Gesellschaft. Eine Karikatur sozusagen.

Der Verfassungsschutz bezeichnet sie als *"Rechts-extreme"*, da sie den Holocaust leugnen. Doch dem liegt erneut die falsche Charakterisierung des National-sozialismus als "Rechtsradikale", also Monarchisten zugrunde. Die Nazis waren Sozialisten und forderten niemals die Wiedereinführung der Monarchie. Ob national oder international, Sozialisten sind sie alle. Auch bei Grüne und Linkspartei gibt es Holocaustleugner, macht das diese Parteien nun zu Rechtsradikalen? Nein! Genauso wie NSDAP wollen sie ja keine Monarchie, sondern den Neuen Menschen in einer Neuen Gesellschaft. Das ganze gängige Prinzip der Gehirnwäsche vom angeblichen Kampf gegen Rechts entlarvt sich damit selbst als das, was es ist, propagandistischer Selbstbetrug.

Der Hass auf Juden ist ein ganz klar linker Basisbestandteil und nicht auf Rechtsradikale beschränkt. Einige Reichsdeutsche sehen zum Beispiel auch das konstitutionelle Deutsche Kaiserreich als Kreation einer ausländischen und jüdischen Verschwörung. Was diese zu echten Rechtsradikalen macht.

Wie oft hören wir Politiker der Grünen und Linkspartei von der US-zionistischen Machtclique (USrael) sprechen. Und Hitler sprach von der von der US-jüdischen Weltverschwörung. Erkläre mir da nun mal einer den Unterschied!

Die Zionisten kontrollieren angeblich die USA. Beweis dafür ist dann, dass die Familie Rothschild Juden sind. All die anderen atheistischen, christlichen, buddhistischen, muslimischen Bankiers werden einfach ignoriert. Und die großen Schweinereien der Deutsche Bank, gehen keineswegs auf das Konto von Rothschild, sondern Bertelsmann. Die Logik dahinter ist nicht stimmiger, als die jüdische Weltverschwörung an sich, deren Anführer angeblich die Zionisten sind, deren Chef die Rothschilds sind. Freilich kommt mit der ökonomischen Bedeutung Macht und Einfluss, doch wenn man sich mal ansieht, in wie vielen Firmenaufsichträten die Parteiführung, der Die Linke sitzt, fragt man sich auch, wie viel Neoliberale geben sich da als Sozialisten und Kommunisten aus?

Der simple Umstand Jude zu sein ist dann praktisch schon der Beweis dafür, dass man die USA kontrolliere. Vor kurzen sagte mir eine deutsche Rechtsanwältin, dass Juden ja zwangsläufig reich sind, da diese keine Steuern zahlen. Das ist ein absoluter Nonsens, den man von einer Person serviert bekommt, die nicht nur eine Universität absolvierte, sondern gar die Gesetze studierte. Warum? Weil die Leute gar nicht mehr wissen, wie tief sie vom Gift linker Ideologie befallen sind.

Wirft man aber einen Blick auf die Staatsanleihen der USA stellt man fest, dass der größte Gläubiger der USA China ist. Sollten wir also nicht von der kommunistischen Verschwörung sprechen? Ich glaube doch, dass macht deutlich mehr Sinn.

Die Linke redet jedoch niemals von einer chinesischen oder kommunistischen Verschwörung. Nein, es sind die Juden, die man als leichtes Ziel, seit den Tagen der Französischen Revolution erkannt hatte. Und der Sozialist Hitler folgte ganz dieser linken Politik. Und das sollte uns zeigen, dass hinter den Linken genau dieselbe Geistes-krankheit wie Nationalsozialisten und Reichsbürgern liegt. Die Reichsbürger finden wir bei der NPD, aber auch in Verbindung mit linken Anarchisten und Sozialisten.

VI. Eurasische Bewegung und die Rolle der Juden

Nach dem Krieg und zurück in Deutschland, setzte Max Horkheimer alles daran sich das Wohlwollen der Mächtigen für die Frankfurter Schule zu sichern. Und das ganz klar als Machtinstrument für eine Seilschaft, die be-reits im Dritten Reich aktiv war. Zwar erhielten sie zunächst Unterstützung durch die US-Alliierten, doch durch vorspie-geln falscher Tatsachen. Er verbarg, dass sein Ziel der Kommunismus war. Und knüpfte finanzielle Kontakte zum Chef der Deutschen Bank (Bertelsmann Stiftung), Hermann Josef Abs, einige Jahre zuvor der Chef-Arisierer des Geldinstitutes. Einer Reporterin des Spiegels schlug er die Kamera kaputt, weil sie Bücher zum Kommunismus fotografierte, die in der Bibliothek der Frankfurter Schule standen.

„Ein weltweiter Umsturz der Werte kann nicht ohne die Vernichtung der alten Werte und die Schaffung neuer durch die Revolutionäre erfolgen", hatte Georg Lukacs gesagt. Und die Frankfurter Schule machte genau das Realität, nicht alleine, aber mit großmächtiger Unterstütz-ung. Das ist es zum Beispiel, warum Die Grünen die Pädo-philen legalisieren wollte.

Als der Skandal erstmals an die Öffentlichkeit kam, verteidigte Jürgen Trittin Die Grünen: Die Partei *„sei dazu gedrängt".* Er sagte allerdings nicht von wem. Und das wäre ja die uns interessierende Aussage. Ob Trittin zur Pädophilie gezwungen wird oder es freiwillig tut, ist eher nebensächlich.

Auch Trittin unterstützte ohne, dass Zwang erkennbar ist, 1981 ein Programm, das Sex mit Kindern legalisieren sollte. Wer also sind die ominösen Hinterleute der Die Grünen? Wenn die Dinge also nur den Werdegang der NSDAP kopiert, dann dürfen wir annehmen, dass diese Hinterleute diese Partei zu beseitigen suchen, sobald das Chaos perfekt ist. Genau dieser Punkt war bei der NSDAP außer Kontrolle geraten. Wir dürfen sicher sein, dass man aus den Fehlern lernte und sich diesmal absichert. Jedoch ist es nicht geplant, dass Die Grünen ihre La-La-Land Welt verwirklichen können, diese soll durch etwas ganz anderes und wohl eher Gegenteiliges ersetzt werden.

Fest steht, dass es eine Forderung der Frankfurter Schule nach Pädophilie war, zur Vernichtung der Moral der Gesellschaft. Und angeregt durch den perversen Georg Lukacs und Freudianer.
Der Angriff auf die Kinder war der Angriff auf die Familie und damit auf die Basis des christlich-jüdischen Abendlandes. Es war ureigenster Kommunismus, um Karl Marx Realität werden zu lassen.
Der *Neomarxismus* der Frankfurter Schule bildete das ideologische Fundament der Kulturrevolution von 1968, deren Exponenten nach 30 Jahren *„Marsch durch die Institutionen"* die Bundesregierung übernahmen. Der derzeitige kulturelle und wirtschaftliche Verfall Deutschlands dürfte, in erheblichem Maße, auf den Einfluss des Neomarxismus zurückzuführen seien.
Auf eben diesen Neomarxismus beruft sich die Frank-furter Schule und hat dessen geistige Fundamente ent-scheidend ausgebaut, was schließlich in die verhängnis-volle 68er-Bewegung nicht nur Europas, sondern nahezu der gesamten westlichen Welt führte. Diese Bewegung wurde – wir wissen es heute nach dem Fall der Mauer und der Öffnung bislang geheim gehaltener Stasi- und KGB-Dossiers – auch entschieden finanziert und unterstützt aus dem Ostblock, darunter vor allem aus der Sowjetunion und der DDR. Wobei Gelder auch von der Deutschen Industrie um die Bertelsmann Stiftung umgeleitet wurden, über die DDR, um die Verbindungen zu verheimlichen.
Noch nie zuvor waren Sozialisten so erfolgreich beim Griff zur Macht in Europa wie in der Gegenwart. Sie haben die

Medien, die Politik, die Justiz und große Teile der sog. *„intellektuellen Elite"* weitestgehend im Griff. Sie sind ganz aktuell dabei – im Verbund mit anderen Kräften aus Industrie, Gutmenschentum und selbst den ehemals bürgerlichen Parteien – die deutsche Bevölkerung mittels einer Invasion von Zigmillionen und in der Geschichte beispiellosen Migrationswelle von Muslimen ins Chaos zu stürzen.

Und sie arbeiten gerade daran, jeden, der dies anprangert, zu kriminalisieren und wegzusperren. Trittin ist nur einer von vielen, die die Abschaffung Deutschlands seit Jahrzehnten mit Erfolg betrieben haben. Er steht in der Tradition eines nun bald hundertjährigen Angriffs des Sozialismus gegen das bürgerliche Deutschland und Europa.

Seit Langem wird uns nun eine Alternative präsentiert, die vorgibt vor dem drohenden Verfall zu retten:
Die *Vierte politische Theorie*, als das Manifest der *Eurasischen Bewegung*, wird in Deutschland und damit ganz im Gegenteil zu Russland, in die rechte Ecke gedrückt. Dies ist falsch und bewusst aus propagandistischen Gründen und Desinformation gemacht.

Als Urheber wird ebenso fälschlich Alexander Dugin angesehen. Dieser kommt selbst aus dem kommunistischen Spektrum und wechselte in der Nationalbolschewistischen Partei, und zu einer Politik die der *Vierten politische Theorie*, praktisch gleichkam. Diese führt sich jedoch auf die durch Stalin begründete Doppelstrategie der Sowjetunion zurück, die im Innern einen Patriotismus zum sozialistischen Vaterland pflegte und nach außen einen sozialistischen Internationalismus. Patriotismus ist also kein Merkmal für die rechte politische Ecke.

In Deutschland versteift man sich jedoch darauf, dass es *"Neurechte"* seien, da man sich in einem Spektrum rekrutiert in dem der Nationalsozialismus akzeptiert wird.

Doch wie der Name selber sagt, ist der Name des nationalen Sozialismus ein Sozialismus und damit, nach heutigen Ansichten Links. Es kann ja wohl nicht angehen, die politische Zugehörigkeit der NSDAP auf den ersten Buchstaben zu reduzieren.

Gemäß der Theorie gibt es keine Unterschiede mehr zwischen Nationalsozialisten und Internationalsozialisten. Die jetzigen Protagonisten die putinistischen Politik sind falsche Rechte, wie Jürgen Elsässer, der aus der linksextremen Ecke kommt, oder Marxisten wie Peter Feist. Hauptverantwortlich für die Querfront der Vierten politischen Theorie in Deutschland ist die Partei Die Linke, von der niemand behauptet sie sei rechtsradikal. Daran ist zu erkennen, dass uns hier ein perfides Spiel der Medienmanipulation präsentiert wird.

Der Feind wird durch diese Theorie, als die Freiheit und Demokratie charakterisiert, dies ist eine Basis die sowohl Links- wie Rechtsextremen entspricht. Und ebenso gibt es Gemeinsamkeiten in der Philosophie, die anti-liberal und anti-demokratisch ist.

Die IX. Bielefelder Ideenwerkstatt war ein besonderer Meilenstein, in der geschaffenen Querfront, die vollständig in den Händen der deutschen Linken lag und von der Bertelsmann Stiftung unterstützt wurde.

Die Vierte politische Theorie schafft ein Umfeld, dem gemäß echte rechte Bewegungen und Organisationen von Zionisten infiltriert wurden und von Israel aus kontrolliert werden. Das ist ein Punkt, über dem man ganz genau nachdenken muss. Trotz des in Szene gesetzten Chauffieren der jüdisch-russischen Gemeinden durch die Moskauer Autokratie, wird gezielt ein Ambiente erzielt, in dem Personen mit antijüdischen Ressentiments und offenen Antisemitismus aus dem rechten Spektrum herausgelöst werden sollen, um sich dann in einer Massenbewegung mit Vertreter der Die Grünen, Die Linke und dem extremistischen Linksspektrum zu vereinen. Die Frage, warum jemand so was tut, ist mit ein wenig Fantasie wohl leicht selbst zu beantworten. Diese angebliche Alternative ist also keine, sondern tatsächlich eine Linksbewegung, die den Antisemitismus kultiviert.

Ebenso werden die Anhänger bezüglich des Islam getäuscht. Ein betontes Nationalverständnis soll glauben machen, man sei patriotisch. Dabei zielt die Theorie auf die Vorherrschaft Russlands ab und die Unterstützung des Islams (zumindest vorerst). Und das deswegen, um eine Unterstützung des Iran im kommenden Nah-Ost-Krieg zu erreichen, in dem auch Israel vernichtet werden soll.
In diesem Zusammenhang erregte 2009 ein anson-sten kaum beachtetes Magazin der Neonazis Aufmerk-samkeit *Volk in Bewegung & Der Reichsbote*. In der Jan-uarausgabe stellten sie die *Israel-Connection* vor. Ursprung dieser Theorie ist allerdings Moskau und wurde von Putin-Medien in der arabischen Welt implantiert. Der Artikel erzählt von einer jüdischen Unterwanderung der euro-päischen Rechten und von deren Finanzierung durch die Zionisten der Wall-Street. Dem jedoch widerspricht eine 40 Millionen Euro Spende Putins an die Front National.
Diese Politik verfolgt mehrere Ziele. Neben Unruhen und Instabilität in Westeuropa, auch eine Konzentration von extremen radikalisierten Judenhassern, in einem linken Umfeld, welches von Linken Kadern, der Stalinisten Fraktion, kontrolliert wird. Die, in meinem Blog dargestellte, Rolle der Juden im Kommunismus und ihre Schlüsselfunktion für die Zerstörung der Rechten sind also seit Marx identisch mit der *Vierten politischen Theorie*. Es ist also keineswegs eine Alternative oder gar etwas Neues, sondern eine Urform kommunistischer Barbarei, die sich neue Kleider angezogen hat.
Das Magazin wird herausgegeben von Thorsten Heise, einem bekannten militanten Neonazi. Dieser hatte enge

Kontakte zu Thomas Richter.[7] Der war auch einer der Federführenden Akteure im Umfeld der NSU. Dummerweise arbeitete er unter dem Decknamen Corelli auch für den Verfassungsschutz. Er wurde im Rahmen der NSU-Untersuchungen ermordet, allerdings vermute ich dahinter Moskau, die auch hinter der ganzen NSU-Angelegenheit stecken.

Sieht man dies im Zusammenhang mit gewissen gespenstigen Tendenzen der europäischen Linken und der Unterstützung des Iran, der gegenwärtig einen neuen Holocaust proklamiert, sollten jedem wahren Demokraten die Alarmglocken läuten und sich auf den absoluten Widerstand einstellen. Das Endziel dieser angeblichen Alternative ist ein Altbekanntes: die Endlösung der Judenfrage. In diesem Zusammenhang steht es dann außer Frage, dass die europäischen Rechten, wegen einer jüdischen Unterwanderung, mit eliminiert werden sollen. Und damit erfüllt die Theorie ein sehr wichtiges Ziel Marx für den Kommunismus: die Vernichtung der bürgerlichen Rechten, einschließlich der Juden. Das Endergebnis wird die Errichtung einer kommunistischen Diktatur unter Moskaus Oberhoheit sein.

Der Artikel *Israel-Connection* erklärt einen die Neonazis verwirrenden Wandel in der europäischen Rechten, nach dem 11. September 2001 und späteren Anschlägen, und zwar zu einem Pro-Israel. Das scheint nicht nur den Neonazis zu beängstigen, sondern die gesamte europäische Linke, die Angst um ihre Solidarität mit den Palästinensern haben. Ergo wird von den Neonazis erklärt, dass diese Anschläge nicht dem Islam anzulasten sind, sondern von Mossadagenten als Flasche Flagge Aktion durchgeführt wurden. Sie handeln dabei in völliger Unkenntnis, dass alle diese Theorien von der europäischen Linken kommen. Zum Beispiel Urheber der Zionisten Verschwörung bezüglich des 11. Septembers 2001 sind das

---

7 sueddeutsche.de vom 16. Dezember 2011

linksextremistische Netzwerk *Indymedia*. Die sozialdemo-
kratische Regierung Schwedens beschuldigte jüngst Israel
als die Urheber der Anschläge von Paris. Vielen Leuten, die
sich anti-links denken, sind sich gar nicht im Klaren
darüber, wie stark sie von deren Ideologie injiziert sind.
Dabei begründet sich dieser Wandel einfach auf einem
besserem Verständnis der Position der Israelis, die diese
Religion der Liebe tagtäglich erdulden müssen. Man hat
begriffen, dass die Gefahr nicht von Juden ausgeht,
sondern vom Islam und deren Unterstützer, die Linken.
Der Aufwind des Islamterrorismus wird durch eine völlig
idiotische US-Politik verschlimmert. Obama versucht es
allen recht zu machen und setzt sich damit zwischen alle
Stühle und macht die Situation nur schlimmer. In Ägypten
sagt er, als „guter" Politiker, das er einer von ihnen sei, also
ein Muslim, was ihm die Rechten übel nehmen. Dann
behauptet er später, dass seine Seele jüdisch sei und
radikalisiert damit die Muslime und Linken. Also nichts für
ungut, aber dieser wankelhafte Kurs zeigt nur, dass Obama
eine diplomatische Katastrophe ist.
In der Situation, in der wir gerade sind, muss zielstrebig und
hart vorgegangen werden, um eine klare Grenze zu ziehen:
bis hierher und keinen Schritt weiter! Und wer diese Linie
dennoch überschreitet, muss getötet werden. Willkommen
in der Realität, aber die Welt ist im Aufruhr und Krieg.
Hinzukommt die von Europas Linken provozierten
Perversionen von Demokratie, Gesellschaft und Marktwirtschaft, um den Verfall der westlichen Zivilisation
herbeizuführen, die man als christlich-jüdisch erkennt.
Ebenso, die von den Linken erzwungene Annäherungen
Deutschlands, an die Irren in Teheran, die inzwischen ein
apokalyptisches Potenzial beinhalten. Und uns alle zu
einem Stellvertreterkrieg im Nahen Osten und unseren
eigenen Straßen zwingen wird. Die islamische Welt besteht
keineswegs aus harmlosen Schiiten, die sich gegen böse
Sunniten (und Israel nicht vergessen) wehren. Wir sollen

uns hier für einen Krieg begeistern, der von Linken provoziert wird, damit die Muslime sich selbst dezimieren und wenn möglich in einem Abwasch, das Problem Israel eliminieren.

Diese ideologische Perversion der Linken geht so weit, das inzwischen sogar Neonazis eine innige Liebe zum schiitischen Islam zelebrieren. So glänzt das Magazin ZUERST! Mit Exklusivinterviews von iranischen Politikern. Das Magazin wird zum festen Medium der deutschen Iranlobby gerechnet, wo sich ansonsten viele Linke tummeln. Der Chefredakteur jenes Magazin unterhält eine innige Nähe zur islamischen Revolution im Iran, verurteilt das moderne und säkulare System des Schahs von Persien und bejubelt das theokratische System des Pädophilen und Tierschänders Ayatollah Khomeini.

Ähnlich entlarvend ist die Situation des "rechten" *Compact*-Magazins, das vom Linksextremisten Jürgen Elsässer stammt. Die ganze linke Ideologie nähert sich inzwischen einem grotesken Witz, in dem nur noch gebabbelt wird, in dem aber keine klare Linie mehr zu erkennen ist (sofern es die jemals gab). Konfusion und Wahn regiert die deutsche Linke, die sich um Kopf und Kragen redet, um ihre Planlosigkeit letztlich nur selbst zu offenbaren. Die schiitischen Extremisten von Muslim Markt, organisierten eine Audienz für den Putinisten Jürgen Elsässer mit Mahmud Ahmadinedschad. Die Reisegruppe, an der auch Jürgen Todenhöfer sich beteiligte, dessen Reisebericht wurde im Juni in Compact veröffentlicht (Elsässers erst im Juli), stand die Gruppe unter der Reiseleitung des FDP-Landtagskandidaten Claus Hübscher.

Ahmadinedschad hatte die Angewohnheit bei offiziellen Banketten immer einen Platz freizulassen, für den 12. Imam, der nach schiitischem Glauben im Verborgenen lebt. Der nach dem Endkrieg sich zu erkennen geben wird, um ein weltweites Kalifat auszurufen. Dieser Glauben wurde auch von Adolf Hitler ausgenutzt, um sich als dieser 12.

Imam zu präsentieren, mit geringem Erfolg. Aber die iranische Opposition erklärt, dass Ahmadinedschad diesen 12. Imam in Wladimir Putin erkannt haben will und dessen Profilierung eines Eurasischen Reiches, als das neue Kalifat interpretiert. Er wird dazu seine Gründe haben, die er in den persönlichen Gesprächen mit Putin gewann. Das könnte nun mit dem von Iran vorbereiteten Krieg gegen die Sunniten zusammenhängen, in dem es um die Behauptung des wahren Islam geht.

Doch auch im Westen findet Putins Antikurs, der dem von ihm kontrollierten Degenerierungsprozess, betrieben durch die europäischen Linken, widerspricht, immer mehr Zuspruch. Die Leute fallen auf das doppelte Spiel des Rattenfängers herein, glauben sich Patrioten und tauschen nur die US-Oberhoheit gegen die russische aus.
Selbst die AfD fällt immer mehr auf das perfide Spiel herein und übernahm Teile der Ansichten der Putinisten, in ihr außenpolitisches Programm. Insbesondere die AfD, die sich um Alexander Gauland scharrt, ist davon betroffen. Und mit Björn Höcke erhält auch Elsässer immer mehr Einfluss auf die Partei. Und wie es nun aussieht, wird auch die identitäre Bewegung davon infiziert.
Da der Eurasianismus die Idee eines anti-amerika-nischen, anti-israelischen, anti-demokratischen und anti-liberalen weißen Machtblock vertritt, sollten uns bewusst werden, dass diese Bewegung auch Ziele verfolgt bezüg-lich integrierten nicht-weißen Ausländern und gemischten Familien. Die Schaffung einer einheitlichen weißen Rasse macht letztlich die Existenz von Nationalstaaten überflüssig. Man darf nicht vergessen, das die Iraner, als Perser zu den arischen Völkern gehören. Wir reden hier von der Schaf-fung des Neuen Menschen, ein Urprinzip des Kommunis-mus.

Es gilt zu bedenken, dass Wladimir Putin selbst in der

russischen Rechten, mit Ausnahme der Neu-Rechten um Alexander Dugin, auf Ablehnung stößt, da man dessen verlogene Politik durchschaut. Putin hat viel mehr Erfolg bei der ausländischen Rechten, die sich leider täuschen lässt, als im eigenen Land, wo er sich auf die Stalinisten und Neu-Rechten stützt, die in der Eurasischen Bewegung die Sowjetunion aufleben sehen.

Trotz der sich verschlechternden Bedingungen in den europäischen Staaten, darf der Patriot nicht unbeachtet lassen, dass dieser Zerfall von Putins Mamelucken, der europäischen Linken, provoziert wird, um eben genau das zu bewirken was gerade passiert, dass Putins Weg attraktiv erscheint. Letztendlich aber ist auch dies ein Weg zur Selbstaufgabe im Kommunismus. Putin betreibt eine sehr ähnliche Großmachtpolitik, wie die USA, was will man also als Alternative erwarten, außer das man statt nach Washington gen Moskau Heil ruft?

Mit der Schaffung der großen Nachrichtenagentur *Russia Today* (Russland heute [Rossija Sewodnja]) schuf Moskau ein Instrument medialer Herrschaft zur Kontrolle Europas (im Rahmen der Doppelstrategie zusammen mit Bertelsmann). Doch die Agentur untersteht einem Propagandamedium der Sowjetzeit: *Sputnik News*. Und mit seiner Doppelstrategie schaffte Moskau etwas schier Unerhörtes, das Bolschewisten wie Alexander Dugin und Jürgen Elsässer auf Veranstaltungen der Rechten wie Popstars gefeiert werden. Doch tatsächlich sehen wir ein Phänomen, dass uns so aus der zerfallenden Weimarer Republik eigentlich geläufig sein sollte.

Bestandteile des schiitischen Islam werden inzwischen akzeptiert und zusammen mit dem russischen Nationalbolschewismus, als angebliche Alternative in der Fassade der Vierten politischen Theorie, bereitwillig übernommen.

Es gibt leider nur sehr wenige Personen, die sich der kommunistischen Natur dieser Alternative bewusst sind, doch sie reden gegen fanatisierte "rechte Patrioten", die aber alle linksradikale Rädelsführer aus dem Bereich der Antideutschen haben.

Alexander Dugin erklärte sogar öffentlich auf seinen Foren in Deutschland, das der schiitische Islam sein Verbündeter ist. Da dieser *"nämlich keine universalistische Dimension"* hätte, doch dass ist vollkommen falsch.

Zu seinen Vorbildern zählt Dugin René Guénon, einen französischen Islam-Konvertit, den er mit Pierre Vogel gleichsetzt. Völlig unbedacht, dass Vogel einen sunnitischen Islam vertritt. Würde mich aber gar nicht wundern, wenn der und seines Gleichen, als Agent Provokateur mit drin steckt. Lebensläufe wie, vom gescheiterten Boxer zum Sektenguru, das schreit doch gerade nach geheimdienstlichen Verwicklungen.

Ein weiteres Vorbild von Dugin ist Julius Evola, ein Satanist, der einen Okkultismus mit faschistischen Charak-ter schuf und dessen Rassenwahn, den der Nationalsozia-listen übertraf.

Ein weiteres spezielles Vorbild für Dugin war der deutsche Philosoph Martin Heidegger, der gemeinsam mit der Frankfurter Schule die 68er hervorbrachte. Und auch er zeigt sich beeinflusst von Julius Evola. Seine *Schwarzen Hefte*, herausgegeben zwischen 1942 und 1948, sind eine grauenerregende Lektüre, die sich wie eine satanische Bibel lesen. Heidegger selbst bezeichnete die Hefte als sein Spiegelbild.

Heidegger war ein offener Unterstützer des National-sozialismus und machte auch nach dem Krieg keinen Hehl aus seinem Antisemitismus. Dennoch zeigten Linke, jüdischer Abstammung, nie ein Problem damit. Einer dieser, Marcuse, war es der ihn selbst zur Frankfurter Schule holte. Heidegger offenbart in seiner Reihe eben jene zweideutige Politik und versteckte Hinweise, wie ich sie hier bei der deutschen Linken immer wieder aufzeige. Und in eben jenen Heidegger liegt der Schlüssel zum Verständnis dieser widersprüchlichen Politik der Doppelstrategie.

Dugin bezieht sich auf etwas, was oftmals Heideggers Seinsphilosophie genannt wird. Das allerdings ist nicht richtig. Heidegger nannte es Seynsvergessenheit. Wobei *Seyn* Heideggers Kunstwort für Rätsel ist. Dieses *Seyn* sagt aus, dass alles, was unsere Überlegungen im Geist beschäftigt, in einen Kontext zu setzten, ist. Es dreht sich eben viel darum das Ungesagte zu verstehen, ohne es zu artikulieren: zum Beispiel Putins Politik der *"gelenkten Demokratie"*, so wird es gesagt, verstanden werden muss aber: *Diktatur*.

Heidegger sieht es als Irrtum an, eine offene Gesellschaft des Nachdenkens, durch demokratisch geförderte Wissenschaften erreichen zu wollen. Er sucht stattdessen einen neuen Anfang, der in der Frankfurter Schule so übernommen wurde, und extrem die Gedan-kenwelt der heutigen Linken beeinflusst.[8]

Die Überlegung von Heidegger beeinflusste Bloch, Adorno und Horkheimer (beide Frankfurter Schule), aber auch Sartre, Tugendhat, Levinas, Gadamer, Derrida, Foucault und viele andere. Auch die heutige *Metaontologie* basiert auf ihm.

Heideggers Lehre vom Ungesagten war sehr bedeutsam in der Entwicklung des Politisch Korrekt, durch die Frankfurter Schule. Verbreitet wurde diese Redediktatur bis in die Vereinigten Staaten, und zwar durch die dominanten Bertelsmann Medien. Heidegger meint, dass sich das Ungesagte am welthistorischen Geschehen manifestiert. Demzufolge habe die Deutschen 1933 ein böses Geschick befallen, an dem sie keine Schuld tragen. Diese Meinung findet sich später zum Beispiel bei Ulrike Meinhoff[9], denn

---

8   Markus Gabriel, Warum es die Welt nicht gibt, erschien 2013
9   Vgl. dazu: Michael Kleemann, Antisemitismus politisch korrekt – 1. Teil Wenn der Sozi vom Zionisten spricht, Juni 2015, Abschnitt: RAF

Heidegger sieht die Deutschen dadurch durch eine moralische Fessel geknebelt. Moral ist für ihn ein Herrschaftsinstrument der Juden, um Rache zu üben (Dieter Kunzelmann: Judenknacks[10]).

Heidegger glaubt: *"Die modernen Systeme der totalen Diktatur entstammen dem jüdisch-christlichen Monotheismus."* Und er benennt den Schuldigen als: *"Gott Abrahams"* und den Namen *"Jehova"* [11]. Damit offenbart uns Heidegger seine Gedankenwelt als denselben Protestsatanismus wie der von Julius Evola. Daraus ergeben sich zwei brisante Rückschlüsse. Entweder der Neomarxismus der Frankfurter geht nicht davon aus, dass Allah derselbe Gott der Juden ist, sondern dessen Widerpart; oder aber, sie wollen mit ihrem Pro-Islamkurs erreichen, dass sich Christen, Juden und Muslime anfangen gegenseitig zu töten. Ich für mein Teil habe Gründe Zweiteres anzunehmen.

> *"Ich bin der Geist, der stets verneint! Und das mit Recht; denn alles, was entsteht, Ist wert, dass es zugrunde geht; Drum besser wär's, dass nichts entstünde. So ist denn alles, was ihr Sünde, Zerstörung, kurz, das Böse nennt, Mein eigentliches Element."* Faust

Die Sünde und das Gesetz wird als Zwang und Diktatur gesehen, zur Befreiung muss die Sünde begangen werden und das Gesetz gebrochen. Das ist genau das, was die 68er taten. Es ist der klassische Satanismus.

All dies dient dem Aufbau eines Wahnsystems zur Selbstrechtfertigung des Seynsdenkers Heidegger, der dem Nationalsozialismus zutraute, die Deutschen zur totalen

---

und ihr Judenhass, ISBN-10: 1514331519 ISBN-13: 978-1514331514

10 ebenda

11 Falscher Gottesnahme

Weltmacht des Denkens zu machen. Bertelsmann Medien haben das praktisch erreicht.

In Heideggers Welt gibt es keine Schuld und Sühne, keine Moral, für ihn ist das Richten über einen Verbrecher, ein größeres Vergehen als das Verbrechen selbst. Diese Ansichten finden sich tief implantiert beim Gutmenschen, der jeden terroristischen Akt von Muslimen in Israel zu rechtfertigen weiß. Denn in seiner Welt ist der Jude, derjenige der alles versklavt. Damit wird jede Tat gegen Juden zum Akt der Befreiung und hat nichts mit Antisemitismus zu tun. Und genau dies ist der rote Faden, wenn die Linken den Nah-Ost-Konflikt erklären.

Es wundert also nicht, wenn wir bei Heidegger die indirekte Billigung des Holocaust finden. Eine Haltung die sich bei Ulrike Meinhoff, Kind der 68er Kulturrevolution, wiederholt. Heidegger bezeichnete die Alliierten, seltsamerweise nur die westlichen, als gehöre die UdSSR nicht dazu, als schlimmer als die Nazis. Da diese aus Deutschland ein großes KZ gemacht hätten, in dem das Seyn - im Gegensatz im Nationalsozialismus, sich nicht entwickeln kann. Ganz offenbar hat seine Seynphilosophie viel mit der Schaffung des Neuen Menschen zu tun. Dass die Alliierten das *"Weltwollen"* (Umstrukturierung der Gesellschaft) der Nazis verhinderten, sieht er als *"Kollektivschuld"*, die nicht einmal an den Greulen der *"Gaskammern"* gemessen werden kann.

In diesem Zusammenhang ist nun Heideggers Ansicht zur Selbstvernichtung der *"Judenschaft"*, zu setzen. Für ihn sind die Juden *"im Zeitraum des christlichen Abendlandes, d. h. der Metaphysik, das Prinzip der Zerstörung"*, dazu verweist er auf den Abstammungsjuden Karl Marx und bctont dabci, dass es sich deshalb bei seiner Ansicht nicht um Antisemitismus handle.

"Wenn erst das wesenhaft 'Jüdische'
(Anmerkung: Abstammungsjude) *im metaphysischen Sinne gegen das Jüdische*

(Anmerkung: identitäre Juden) *kämpft, ist der Höhepunkt der Selbstvernichtung in der Geschichte erreicht; gesetzt, dass das 'Jüdische' überall die Herrschaft vollständig an sich gerissen hat, sodass auch die Bekämpfung 'des Jüdischen' und sie zuvörderst in die Botmäßigkeit zu ihm gelangt."*

Dieser Zustand wird erreicht im *Antijuden*, dem linke Abstammungsjuden, der noch bei der physischen Vernichtung des identitären Juden mitwirkt. Dies ist, warum ich immer sage, dass ein Linker niemals ein Jude sein kann. Und der Begriff des anti-Juden, ist gleichbedeutend mit dem anti-Deutschen. Und ein solcher Letzterer ist eben auch Jürgen Elsässer. Auch diese können keine identitären Deutschen sein.

Alles, was der Selbstvernichtung dient, auch der Krieg, wird von Heidegger begrüßt, denn er sieht in der Herausstellung des inhumanen und unmenschlichen, in der Kreation des Dämons (Gutmensch), die Überwindung der Sklaverei durch Abrahams Gott, die Befreiung des wahren Ichs, die Schöpfung des Neuen Menschen.

VII.   Neuer Mensch

Am 31. Okt. 1989 verfasste Connor Cruise O'Brien einen hysterischen Angriff auf die Perspektive eines in Zukunft wiedervereinigten Deutschlands. In einem Artikel der Londoner Times fauchte er:

> *„Wir bewegen uns auf ein Viertes Reich zu, einer pangermanischen Einheit, welche das gesamte Bündnis der deutschen Nationalisten befehligt... Nationalistische Intellektuelle werden erklären, dass wahre Deutsche über den Holocaust keine Schuld, sondern Stolz über das große, mutige und heilende Vorgehen empfinden sollten - ich befürchte, dass das Vierte Reich, wenn es kommt, der natürlichen Neigung entspricht, seinem Vorgänger ähnlich zu werden."*

Obwohl der Spruch eine sehr treffende Einschätzung ist, muss dazu gesagt werden, dass die Leute die diese Erinnerung am Holocaust zu überwinden suchen, diesen Judenknacks (Künzelmann) und den Holocaustparagrafen tilgen wollen, sind die deutschen Linken, insbesondere die Putinisten. Von einer nationalistischen Gefahr kann derzeit keine Rede sein, es sind die Moskauhörigen Linken, die es tun. Es ist praktisch das, was uns Jakob Augstein erzählen will. Der hat ohnehin gewiss einen gewaltigen Knacks Abbekommen, als ihm klar wurde, das Jakob ein jüdischer Name ist. Aber davon abgesehen ist Deutschlands Regierung wieder zur allgemeinen Gefahr in Europa geworden. Und das Vierte Reich der Gutmenschen, wird den Nazis immer ähnlicher.
Im Mai 2005 Angesicht der Wirtschaftskrise sprach die der SPD nahestehende IG Metall, die auch den Gutmenschenwahn der Regierung mitträgt, im Bezug auf

die Hedgefonds und einem Angriff auf die deutsche Stahlindustrie, vom internationalen Finanzkapital, die diese Krise verantworten habe und vom produktiven Kapital, welches Arbeitsplätze schafft. Diese Kritik entsprach sehr deutlich der nationalsozialistischen Charakterisierung vom *raffenden* (jüdischen) und schaffenden Kapital (Arbeiter). Nicht allein das eine derartig simple Strukturierung hochkomplexer Zusammenhänge, ein haarsträubender Unsinn ist, sie zeigt auch wie tief nationalsozialistische Ideologie, unter neuen Begriffen versteckt, in Deutschlands Linker tatsächlich noch aktiv ist. Und die Gefahr geht Primär vom Gutmenschen aus. Es ist aber keineswegs so, dass die Linken dies von Hitler übernommen hätte, sondern der Nationalsozialismus war schlicht und ergreifend eine sozialistische Bewegung und spricht daher die Sprache der Linken.

Schon 1941 schrieben Adorno und Horkheimer in Dialektik der Aufklärung, ein Kapitel von großer Bedeutung: *Elemente des Antisemitismus*. Darin meinen die beiden, dass der Antisemitismus die ideale Waffe sei, um die Christliche-jüdische Welt zu zerstören. Was ja logisch ist, wenn die als Feind betrachtete Einheit aus Juden und Christen besteht, so müssen diese entzweit werden. Dass der jüdische Staat die wichtigste Triebfeder für die linke Bewegung sei, wurde von Adorno und Horkheimer herausgestellt. Und es ist wahr! Das Abendland spaltet sich gerade auf in ein Lager Pro-Israel und eines das anti-Israel ist. Das Interessante aber ist, dass sich im Ersteren die rechten Demokraten versammeln und bei den Juden-hassern, die Neonazis, Reichsbürger, Kommunisten, Neuheiden, Muslime und Gutmenschen. Um das Lager der Pro-Israel nicht zu stark werden zu lassen, bedient man sich Falsche Flagge Aktionen, wie die Pro-zionistische Antifa.

Dennoch, Adorno und Horkheimer waren nicht die Urheber dieser Strategie, wir finden sie viele Jahre früher im Buch

Mein Kampf. Hitler zeichnet da das Bild auf, dass die Welt einen Krieg um Israel, damals noch Palästina, führen wird. Einen Weltkrieg mit der Auswirkung der Apokalypse. Nun ist das Buch *Mein Kampf* wieder erhältlich in Deutschland. Wie viele werden es nun lesen und sagen: „*Hitler hatte recht!*"? Nur sind es eben die Linken, insbesondere die deutsche und russische Linke, die dafür Sorge trägt, dass Hitlers Prophezeiung sich erfüllt. Sie bereiten einen Krieg im Nahen Osten vor.

Wenn Hitler dasselbe sagt wie die Frankfurter Schule, ist das erst mal höchst offenbarend. Doch könnte man sich wieder auf Hitler als außerordentlich kreativen Impuls berufen, oder ...
Was wenn es hinter Hitler und der Frankfurter Schule dieselbe lenkende Gewalt gäbe? Die Verbindungen NSDAP und Stalins Moskau waren existent und sehr tief, aber dies hier jetzt genauer auszuführen würde zu weit ableiten und soll daher Thema eines eigenen Buches sein.
Allgemein bekannt ist jedoch, dass die Frankfurter Schule von Moskau kontrolliert wurde. So wie alle kommunistischen Parteien. Als die Frankfurter Schule gegründet wurde, war es praktisch ein Gemeinschaftspro-jekt Moskaus, und steuerte dies über die Komintern, als auch der britischen *Fabian Society*. Bei denen handelt es sich um eine Sonderprägung der Kommunisten, die mit George Bernard Shaw ihren prominentesten Vertreter fand. Unsere gefälschte Geschichtsschreibung feiert Shaw sogar als Pazifist und Vegetarier, ohne jemals darauf hinzuwei-sen, dass er die Massenmorde von Hitler, Stalin und Mussolini feierte und der geistige Urheber der industriellen Vergasung ist.
Der Punkt war, dass zur Errichtung des Kommunis-mus, Karl Marx die Vernichtung der Juden absolut notwendig erachtete. Auch wenn er an Ausweisung dachte, wenn diese sich nicht zum Kommunismus bekehrten. Der

kommunistische Jude ist also der Antijude, der Vernichter. Dennoch ist Karl Marx interpretationsfähig in diesem Punkt. Und die Koalition von linken Gutmenschen und Islam, bekommt einen buchstäblich satanischen Charakter für die Juden. Da vereinigen sich zwei zerstörerische und antisemitische Strömungen, zu etwas, das über den Nationalsozialismus weit hinausgeht.

Die Erfahrungen der Bolschewisten in Ungarn flossen in der Frankfurter Schule ein, ebenso wie jede Niederlage sozialistischer Experimente. Auch Nationalsozialismus ist unleugbar Bestandteil der Frankfurter Schule. Der Sozialismus ist nicht das Ziel, sondern lediglich der Weg zum Ziel: Kommunismus. Deshalb betrachtete man Hitler als Wegbereiter, eine zweite Revolution hätte dann den Kommunismus etablieren sollen, das wurde von der SS verhindert. Das, was damals aber der Nazi war, der Wegbereiter, ist heute in unserer Gegenwart der Islam und sein Gutmensch.
Die Ziele der Fabiane waren identisch mit Karl Marx und Friedrich Engels, nur betrachteten sie als Option den Kommunismus zu implementieren durch eine stufenweise gesellschaftliche Anpassung. Das taten die Nationalsozia-listen, wie auch die Gutmenschen.

Vielsagenderweise ist das Wappen der *Fabian Society* der Wolf im Schafspelz, ein Bild, das immer öfter zur Charakterisierung des Gutmenschen genutzt wird. Die *Fabian Society* – Frankfurter Schule Connection sind auch die tatsächlichen Urheber der Doppelstrategie, die uns heute als *Vierte politische Idee*, als neu verkauft wird. Das verdeutlicht uns, die Mächte hinter der damaligen Frankfurter Schule: die Moskauer Internationale und britische Kommunisten.
Dass Adorno von der Frankfurter Schule aus Nazi Deutschland rechtzeitig floh, lag keineswegs daran, dass er

Glück gehabt hatte, sondern das er besser als alle anderen wusste, wozu der Neue Mensch (Nazi) geschaffen wurde. Und genauso ist es mit dem Gutmenschen. Im Gegensatz zu vielen anderslautenden Gerüchten war Adorno im Sinn der Halacha kein Jude, er wurde katholisch getauft und empfing auch die Erstkommunion. Allerdings lehnte er Religionen dann ab.

Die Frankfurter Schule pflegte von Anfang an enge Kontakte so den Intellektuellen der NS-Bewegung, auch noch nach der Regierungsübernahme. Die Flucht der Mitglieder der Frankfurter Schule stand im Zusammenhang mit der Nacht der langen Messer. Die geplante zweite Revolution, von Röhm, wenige Tage vorher sogar indirekt angekündigt, war von der SS verhindert worden. Hitler war nun unkontrollierbar geworden und man wusste es ist nun Zeit zu fliehen. Hitler war sich über die Hintergründe zumindest halbwegs bewusst und es kam zu einer Verschlechterung der Beziehungen 1934 nach Moskau. Dabei waren die schwulen Nazi, sehr früh ein intensives Studienfeld für die Frankfurter Schule gewesen. So räsonierte Erich Fromm in seinem Beitrag zu Max Horkheimers 1936 veröffentlichten *„Studien über Autorität und Familie"*: Der *„durchschnittliche autoritäre Mann"* ist in physiologischer Hinsicht heterosexuell, in seelischer *„aber ist er homosexuell"*. Und Fromm ging noch einen Schritt weiter:

> *„Dieses Stück Homosexualität wird relativ häufig bei einer Reihe von Individuen sich auch zur manifesten Homosexualität im engeren Sinne verwandeln, wofür ja die extremen Autoritätsstrukturen der neuesten Zeit genügend Beispiele bieten."*

Der schwule Nazi hatte es bis in die sozial-psychologische Theorie der Frankfurter Schule geschafft. Und war dort zu einem typischen Erkennungsmerkmal für totalitäre Regime geworden.

Diesen Stereotyp ließ die Frankfurter Schule später in den 68er aufleben. Und deshalb rate ich zu großer Vorsicht, wo sich ein Homosexueller engagiert.

Eine wichtige Rolle dabei spielten Klaus Theweleit und sein 1977 erstmals veröffentlichtes Buch *„Männerphantasien"*. Darin behauptete Theweleit, Männerbünde neigten *„zur Ausbildung 'homosexueller Praktiken', die, selber aggressiver Art, zum Umklappen in jede andere Form der Aggressivität fähig"* seien. Oha, die Grausamkeit des Nazis durch Homosexualität verursacht?

 Homosexualität geriet bei Theweleit zum geheimen Organisationsprinzip des Nationalsozialismus. In der Homosexuellenverfolgung sah er keinen Widerspruch zu seiner Theorie. Gerade durch die Verfolgung der Homo-sexualität, so Theweleit, hätten die Nationalsozialisten einen *„Bereich der Übertretung"* geschaffen. Schließlich lehrt auch die Neue Mensch Werdung der 68er-Revolution, die Sünde zu begehen und Tabus zu brechen. Das also war es, was die Nazis getan hatten, sie hatten eine, gemäß Theweleit, traditionelle Regel des Totalitarismus begangen. Das qualifizierte den Nazi zum Proto-68-er. Ist Ihnen schon mal aufgefallen, wie viele 68er aus Nazifamilien stammen? Theweleit berief sich dabei auf Heinrich Himmler, der tatsächlich in der Homosexualität eine Form der Vertiefung von Männerbunden sah. Dabei dachte er an die Kommunen der spartanischen Krieger, immer ein Vorbild für totalitäre Gemeinschaften. Jedoch wertete Himmler das ganz anders als Theweleit und sah darin ein Anzeichen der Degenerier-ung der Gesellschaft und ließ die Homosexualität deshalb bei der Waffen SS sehr hart verfolgen.

Das, was die Frankfurter Schule uns als Aufklärung präsentiert, ist meist nichts anderes als das typische Dummgeschwätz linker Intellektueller, die nichts anderes im Hirn haben, als sich zu überlegen, wie man noch die Bevölkerung quälen kann. Was diese Leute brauchen ist schwere körperliche Arbeit. Es gibt einen simplen Grund, warum im Osten der Widerstand gegen die Berliner Wahnsinnigen so groß ist, die fühlen sich an die DDR erinnert.

Noch nach der Machtergreifung der Nazis pflegte die Frankfurter Schule enge Bindungen zu den Nazi Intellektuellen, besonders Carl Schmitt oder Martin Heidegger, der später sogar Mitglied wurde. Das Problem der Frankfurter Schule war es jedoch, dass als Hitler sich unerwarteterweise behauptete, viele ihrer Mitglieder in Gefahr gerieten. Denn die Nationalsozialisten charakter- isierten den Juden nicht ökonomisch, wie die Kommunisten, sondern rassisch. Der Frankfurter Schule schien der rassische Antisemitismus zuerst dienlich, denn dadurch würden viele religiöse Juden ihren Glauben aufgeben und ihren „Makel" vom Jude sein verstecken. Die jüdischen Gemeinden würden immer schwächer werden oder nach Palästina auswandern.

Die Fabian Society organisierte zuerst eine Verlegung der Frankfurter Schule nach Genf, dann in die USA. Dort erhielten sie einen neuen Schub durch US-Linke. 1944 begann das *American Jewish Comitee* einen großen Fehler und machte den Bock zum Gärtner. Max Horkheimer sollte in deren Auftrag, in einem 5-jährigen Studium, eine Untersuchung über Vorurteile machen. Horkheimer selbstverständlich spürte die Chance, die verlogene Ideologie der Frankfurter Schule, nun auch in den USA zu verwurzeln. In seinem Bericht stellte er die Amerikaner als unbekehrbar und autoritätsgläubig da. In deren Drang nach wissenschaftlicher Wahrheitssuche wollte er eindeutig Antisemitismus erkennen. Obwohl, wie oftmals bei linken Intellektuellen, dies rational betrachtet völliger Quatsch war, verfehlte es dennoch nicht den ideologischen Effekt. Im besetzten Deutschland und ihre kommunistische

Ideologie verbergend, wie auch ihre Moskauhörigkeit, vertrauten die US-Besatzer dem Duo Adorno und Horkheimer in Fragen Entnazifizierung. Wieder wurde der Bock zum Gärtner gemacht, weil es ihnen gelang die entscheidenden Personen zu täuschen. Diese beiden hatten absolute Entscheidungsgewalt in der US-Zone, wer als unbedenklich in Politik, Medien und Bildung eingesetzt wurde. Und da wird es nun sehr interessant, was für eine Nazi-Connektion sich Adorno und Horkheimer aufbauten, bis sie die Erlaubnis bekamen die Frankfurter Schule wieder nach Deutschland verlegen zu können. Hitlerbefürworter, wie McCloy und General William Draper, waren die Gönner der Frankfurter Schule im Nachkriegsdeutschland. James Stewart Martin gab das sehr ausführlich in seinem biographischen Bericht *All Honorable Men* wieder. Die Frankfurter Schule war dadurch aber auch in der Position die Geschichte umzuschreiben. Zwischen Januar 1946 und Juni 1948 wurden im Westen Londons 4000 deutsche Kriegsgefangene durch das Umerziehungsprogramm von Wilton Park geschleust. Zu den wichtigsten Personen, die die „Umerziehung" „demokratischer" deutscher Führungskräfte leitete, gehörten Lord Bertrand Russell, Lord William Beveridge, Kanzler der London School of Economics (LSE), der die Umsiedlung der Frankfurter Schule nach Amerika finanzierte, und Lady Astor, die in den 30er Jahre zum hitlerfreundlichen Cliveden Set gehörte. Politisch standen sie der Labour Party nahe, die von den Fabianen gegründet worden war.

Die wahren Früchte der „Umerziehungsmaßnahmen" von Horkheimer, Adorno und Wilton Park wurden erst später mit dem Aufkommen der „68er Bewegung" sichtbar. Das Beispiel der Zeitschrift *Konkret*, des heute führenden Organs der antideutschen Szene, ist höchst aufschlussreich. *Konkret* wurde 1955 inmitten der

Nachkriegszeit gegründet, als Horkheimer, Adorno und der gesamte Apparat der Frankfurter Schule vollständig in den Kulturkampf des Kongresses für Kulturelle Freiheit (CCF) integriert wurden.

Zu Beginn war *Konkret* das Organ der *Freien Deutschen Jugend* (FDJ), der kommunistischen Jugendorganisation; die SED subventionierte bis 1964 jede Ausgabe von *Konkret* mit 40.000 Mark. Die Freie Deutsche Jugend war selbst ein frühes, mit der Frankfurter Schule verbundenes Projekt; Walter Benjamin war bereits in den 30er Jahren FDJ-Mitglied. Nach Hitlers Machtergreifung musste die FDJ Deutschland verlassen und überdauerte den Krieg ausgerechnet in Großbritannien. Ihre Rückkehr nach Deutschland und der Aufbau von Organisationsstruk-turen auch in den britischen, amerikanischen und fran-zösischen Besatzungszonen hätten ohne Zustimmung der Besatzungsmächte nicht stattfinden können, besonders weil die FDJ-Verbindungen zu den ostdeutschen Kommu-nisten allgemein bekannt waren. Adorno und Horkheimer machten das möglich.

Konkret füllte seine Seiten mit Artikeln führender Autoren der Frankfurter Schule wie Adorno, Horkheimer und Herbert Marcuse sowie mit Schriften des französischen Existentialisten Jean-Paul Sartre und Heinrich Bölls. Die Stiftung der Grünen Partei trägt heute Bölls Namen. Konkretherausgeber waren die KPD Mitglieder Klaus Rainer Röhl und seine spätere Frau Ulrike Meinhof. 1973 ging Konkret bankrott, die Stasi unterstützte das Blatt nicht mehr, da Röhl die SED kritisiert hatte. Und Röhl, da schon getrennt von Meinhof (aus demselben Grund), verkaufte das Blatt an Hermann L. Gremliza, der für das Altnaziblatt (jetzt Bertelsmann) Spiegel schrieb. Die Frage, woher Gremliza das Geld nahm, um *Konkret* wieder herauszubringen, bleibt bis heute ein Rätsel, aber unter Gremliza erholte sich das Magazin und wurde zu einem der führenden Organe der von der Frankfurter Schule dominierten Neuen Linken.

Nach seinem spektakulären Austritt aus der SPD 1989 half Gremliza bei der Entstehung der Antideutschen, wozu Jürgen Elsässer gehörte - als Protest darüber, dass SPD-Bundestagsmitglieder zusammen mit konservativen Abgeordneten die deutsche Nationalhymne sangen, als die Berliner Mauer fiel. Aufgrund der Schwäche der UdSSR, was schließlich in deren Auflösung mündete, waren die Antideutschen für einige Zeit weitgehend auf die Finanzierung durch britische Linke angewiesen und durch Mafiöse Taten, bei denen sie sich mit DDR-Seilschaften, sprich Stasi, zusammentaten. Inzwischen hat sich das Verhältnis wieder etwas verschoben, Moskau hat wieder mehr Gewicht. Moskau kontrolliert im Moment beide Pole in Deutschland und damit das ganze System.

Im Jahr 2000, als der damalige israelische Premierminister Ariel Scharon an der Seite von 1.000 israelischen Polizisten und Soldaten auf den Tempelberg, stieg und damit die zweite Intifada provozierte, unterstützte Gremliza diese Aktion in einem namentlich unterzeichneten Artikel mit dem Titel *„Israel: das letzte Opfer der neuen Weltordnung"*. Scharons Besuch bezeichnete er da als *„harmlosen Touristenbesuch"* und lancierte eine höhnische Attacke auf den Islam und die Sache der Palästinenser:

> *„Besonderheit beispielsweise des Islam ist, daß jeder junge Gläubige, zur Keuschheit verpflichtet, als Belohnung für ein Attentat, bei dem er sich zusammen mit einer großen Zahl von Juden in die Luft sprengt, die Chance im Paradies hat, mit einem Dutzend Jungfrauen zu schlafen."*

Ein Begleitartikel von Horst Pankow verurteilte noch die Kritik an Scharons Tempelbergbesuch in den deutschen Medien als eine *„antijüdische Denunziationsallianz"*.

2011 jedoch bezeichnet Gremliza etwa den Krieg gegen Libyen, als Konterrevolution des Westens und bezeichnete Gaddafis Staat als humane Alternative des Islam. Dieser ideologische Bruch ist erstaunlich. Denn ohne uns hier auf das Thema Libyen versteifen zu wollen, anti-Israel war auch der Gaddafi gewesen. Man könnte es auf islamische Bestechung zurückführen, wäre es nicht so, dass Gaddafi von den Islamisten abgelehnt wurde. Bleiben also noch die Links zur Bertelsmann Stiftung. Offenbar versucht man gerade die Radikalisierung hoch zuschrau-ben, mal nach links, mal nach rechts irgendwann ist schon Bürgerkrieg.

Wohin jedoch führt uns die Kreation des Neuen Men-schen des Sozialismus. Wir wollen wissen, wo die Entwicklung des Gutmenschen angelangen wird, wenn wir seine Entwicklung zum logischen Ende verfolgen. Die Verwicklungen in eine nationalsozialistische Idee, die gemäß Heidegger in der Manifestation des Dämons mündet, habe ich hier aufgezeigt. Doch gibt es konkrete Beispiele, die uns das verdeutlichen? Oh ja, alle sozialistischen Experimente endeten bisher in KZs und dem Monster der sie leitet. Dass aber die Kreation des Dämons, des Neuen Menschen, auch vor unserer Nase möglich ist, sehen wir, wenn wir unser Augenmerk auf die USA lenken. Und zwar spezifisch auf ein Phänomen der illegalen Einwanderung, die erstaunlicherweise in Bertelsmann Medien nie ein Thema ist.

Skinhead? Neonazi? Darf ich vorstellen: der Neue Mensch des Sozialismus - der *Marero*. Aber ja, der deutsche Ableger dieser weltweiten Mafia wird hierzulande als Skinhead bezeichnet und eher als Neonazi gewertet. Was er im klassischen Sinn jedoch nicht ist. Es ist ein Kunstprodukt der US-amerikanischen Linken. Doch sie sehen auch bei diesen zentralamerikanischen Abarten, hier Salvadorenos, benutzt man die 18.

Dieser Typ Mafia nennt sich im Spanischen *Mara*, was als *Meute* übersetzt werden kann. Das Mitglied einer Mara ist der Marero. Es gibt mehrere Mara-banden, die untereinander konkurrieren. Die größte dieser Mafia nennt sich Mara 18. die Zahl steht für die Zahlen A(dolf) H(itler). Und verfügt über Tausende von Mitgliedern in Deutschland. Insgesamt ist sie in 76 Staaten vertreten und verfügt über schätzungsweise 380 000 Mitglieder weltweit.
Wie es dazu kommen kann, ist höchst interessant und eng verwoben mit Nationalsozialismus und US-Linker. Verwoben in der illegalen Migration, Drogen und Menschenhandel und ich bin mir sicher, dass Europas Linke mit der Etablierung des gegenwärtigen Flüchtling-stroms etwas ähnliches wiederholen will. Denn das Begehen der Sünde ist oberstes Gebot.
Die Straßengang wird manchmal auch Calle 18 oder Barrio 18 genannt. Dominiert wird sie zwar vom gesell-schaftlichen Abschaum Zentralamerikas, doch gegründet in den USA, wo sie sich aus illegalen Migranten rekrutiert und gemäß der Linken schön „Bunt" ist. Inzwischen wurde dies jedoch eine internationale Mafia, die sich skrupellos und

brutal jeden erdenklichen Verbrechens bedient.

Die Urzelle dieser Bande waren illegale Migranten aus El Salvador in Los Angeles. Seit 2000 sind die Aktionen der Mara 18 nicht mehr Belang der normalen Polizei, sondern fallen in die Zuständigkeit des FBI. Die Chefs der internationalen Bande leben noch immer in Los Angeles, wo bei Razzien in deren Domizilen immer wieder Arten von Altären und Schreinen für Adolf Hitler gefunden wurden.

Das, was zunächst so unglaublich klingt, ist ein sehr wichtiger Punkt, für die Erklärung, warum die deutschen Vertreter eben dieser Mara 18 als Neonazis gelten und das Symbol der 18 verboten ist, als seien diese völlig losgelöst von den bunten Gründern in Los Angeles.

Der Marero ist eben keinesfalls ein klassischer Neonazi, sondern ein neues Produkt, angepasst und adaptiert, was er braucht. Alles andere wird fallen gelassen. Die Keimzelle zu diesen Gangs liegt in den extrem rassistisch geprägten Straßengangs von Latinomigranten und Schwarzen, die sich über Symbole, Graffiti, Tätowierungen und Gesten identifizieren.

Im geschichtlichen Kontext gehen sie zurück auf die Südstaaten in den 1940er Jahren. Diese Zeit war von der größten Machtentfaltung (allerdings auch Untergang) Adolf Hitlers gekennzeichnet. Das tägliche Leben der Menschen in den Südstaaten jedoch auch von einer zunehmenden rassisch geprägten Auseinandersetzung. Schwarze versuchten Gettos zu verlassen, weil ihnen dort keine Möglichkeiten geboten wurden. Das versuchten die Weißen, die sich mehr mit dem von den Demokraten kontrollierten Ku Klux Klan interpretierten (aber nicht ausschließlich), zu verhindern. Aufgrund der damaligen Umstände, des entfernten Nazi-Deutschlands, der fehlenden Informationsmöglichkeiten und freilich mangelnder Bildung, führten dazu, dass es in diesen Kreisen nur eine sehr vage Vorstellung gab, was Nationalsozialis-mus tatsächlich ist. Das Resultat war, dass man sich aus dem bisschen was man wusste, eine eigene Vorstellung bastelte, die nur bedingt etwas mit der Realität zu tun hatte.

Adolf Hitler wurde hierbei zu einer Befreiungsikone. Sage mir keiner, das sei unmöglich, unter weitaus besseren Informationsmöglichkeiten wurde es mit Che Guevarra wiederholt und bis heute wird dieser geisteskranke Massenmörder als Befreier verehrt. In ihrer Fantasie war Adolf Hitler ein Messias, der ein unterdrücktes Volk befreien wollte.

Gemäß der NS-Ideologie gab es eine jüdische Verschwörung, die die US-Banken beherrscht und die Welt versklavte. Auch die Schwarzen der USA, die ehemaligen Sklaven, die unter der Rassentrennung litten, identifizierten sich da mit dem deutschen Volk. Freilich in ihrer bizarren Welt erklärten die sich vieles selbst so zurecht, wie es ihnen passte. Doch klar war, dass sie glaubten, Hitler kämpfe gegen einen weißen Sklavenhalter und der hat seinen Sitz in der USA. Dieser wirre Sumpf aus Halbwahrheiten und eigener Fantasie machte diese sich formierenden Gruppen anfällig für die Vorstellungen von Sozialismus und Antisemitismus. Völlig außer Acht lassend, dass der damalige hoch organisierte und von den Politikern der Demokraten kontrollierte Ku Klux Klan auch antisemitisch war, wurden die Unterdrücker der Schwarzen mit Juden identifiziert. Zugegeben es gab wohlhabende Juden, die Sklaven gehabt hatten, es gab Juden, die mit Sklaven handelten, doch damals war Sklavenhändler ein sehr angesehener Beruf. Und die Realität war weit entfernt von einer jüdischen Herrenrasse, die alle Schwarzen versklavten. Es sind immer wieder die Linken, die im Sinne von Karl Marx, alle Probleme auf die Juden zurückzuführen. Dann sagen sie der Nazi war es. Und macht uns klar, welche Bedeutung der Nazi für die Linken hat, er versteckt seine kriminelle Natur hinter dem Nazi. Doch was, wenn es Nazis nicht im ausreichenden Maße gibt? Dann kreiert man

sie einfach! Es ist wie Kurt Tucholsky es ausdrückte:
*„Den Mann (Hitler) gibt es gar nicht; er ist nur
der Lärm, den er verursacht."*

Die zunehmende Radikalisierung und fehlende Bildung
machten diese Gruppen anfällig für Radikalismus, einfach
strukturiertes Schwarz-Weiß-Denken, und Demagogen der
Linken Befreiungsideologen, die diese Gruppen begannen
zu kontrollieren, im Sinne der Demokraten, und in einem
nebulösem Machtspiel zu benutzen. Auch in Deutschland
wurde Radikalismus durch das Abrutschen in Harz 4
erzeugt und das vor allem Dank der Bertelsmann Stiftung
und der Rot-Grünen Regierung. Aufgabe der Linken ist es
eine falsche Ideologie der Befreiung vorzutäuschen, die
aber die Massen kontrollieren soll und die Herrschaft
einiger weniger sichert.
Die Schwarzenbewegung wurde deutlich antisemitisch und
das wiederum machte es der Muslimbruderschaft einfach
den Islam zu implantieren, als Befreiungsideologie, die den
Antisemitismus anheizte. Sie müssen einmal die späteren
Jahre vergleichen, als es eine feste Muslimge-meinde von
Schwarzen gab. Selbst Vorreiter wie Malcolm X lebten in
einer völligen Fantasiewelt, in der der Islam die
ursprüngliche Religion der Afrikaner gewesen sei und
Mohammed ein Neger.
Erst später kam er zum Aufwachen, als er merkte, dass
nicht alle Muslime Schwarz sind und die
Muslimbruderschaft eine gewaltige Mafia im Schutze der
Moscheen installiert hatte. Wie gegenwärtig in Deutschland
auch. Es gab darüber hinaus eine enge Zusammenarbeit
mit den Demokraten, was Malcolm X völlig aus der
Fassung brachte und er anfing zu kritisieren. Weshalb er
letztlich getötet wurde.

Das war der Nährgrund der Entwicklung, der sich bis Ende
der 1940er Jahre zu strukturieren und organisieren begann.

Dies war eine Gegenreaktion auf die Banden weißer Jugendlicher, die sicherstellen wollten, dass Schwarze nicht in die Viertel der Weißen kamen.

In Los Angeles gab es die *Spookhunters*, die dafür sorgen wollten, dass die Schwarzen nicht das Central-Avenue Ghetto verließen.

Im Gegenzug formierten sich dann die ersten schwarzen Gangs, ebenfalls mit strenger rassischer Orientierung, so etwa die *Businessmen*, *Flips* und *Slausons*, die zwar eigentlich sich krimineller Aktivitäten hingaben, gleichzeitig auch eine kulturelle und soziale Plattform boten und de facto die Autorität in den Gettos darstellte.[12]

Die Kommunisten blieben in den USA immer auf den Status einer Psychosekte beschränkt und von geringer Bedeutung. Sie mussten andere Wege wählen, um an politischem Gewicht zu gewinnen und das war der kriminelle Untergrund.

Doch im Studieren des Südstaaten Establishment wie die deutschen Rechtsradikalen, die Monarchisten, die Kommunisten nutzten als Machtmittel, kamen sie auf die Idee dasselbe zu tun. Insbesondere versuchten sie, und auch erfolgreich, international auf Die Grünen Einfluss zunehmen. Weshalb die streng moskauhörigen SED-Nachfolger der Die Linke, versuchen den Die Grünen das Wasser abzugraben.

Die Demokraten sind tatsächlich Neoliberale. Dennoch ist der Einfluss auf die Linken da. Leicht festzu-stellen, wie die US-"sozialistische" Huffington Post den Wahlkampf von Hillary Clinton unterstützt und gegen Ben Carson hetzt. Huffington Post, gehört über Focus zum Machtkomplex der Bertelsmann Stiftung. Gegründet wurde sie von der Sozialistin und Millionärin Adriane Huffington.

---

12 Mike Davis: City of Quartz. Ausgrabungen der Zukunft in Los Angeles und neuere Aufsätze. 3. Auflage. Verlag der Buchläden Schwarze Risse u. a., Berlin u. a. 1999, ISBN 3-924737-23-1, S. 335–337

Diese Südstaatenaristokratie tat genau das, was auch in Deutschland geschah. Genauso wie es die Lehre der Frankfurter Schule es formulierte, sich der Randgruppen zu bedienen und zu bündeln (also: Faschismus).

Genauso wie es die deutsche Linke tut, machten es in den USA die Demokraten. Da es aber in den USA keineswegs opportun war, zum Kommunismus aufzurufen (vgl.: McCarthyismus), generierte sie die Bewegung der Neoliberalen. Was zwar unverfänglich klingt, aber genau derselbe Schwachsinn ist, wie die deutschen Linken. Auch wenn sie andere Ziele als Putin haben, so hilft auch ihnen die Vierte politische Idee, über Zersetzung der liberalen Gesellschaft zu ihrer früheren Südstaatenaristokratie zurückzukehren.
Mehr und mehr ging es auch in die Gettos der ethischen Minderheiten, wobei die Neoliberalen jedoch den Drogenhandel unter Kontrolle bekommen wollten. Sie heizten die rassischen Unruhen an, um durch Chaos die Überwachung zu steigern und ihre Macht zu erhöhen. Genau, was zeitversetzt dann in Deutschland geschah. Freilich geht es darum, durch Rassenunruhen vom eigentlichen Problem abzulenken.

Die illegalen Geschäfte dieser Randgruppen Mafia dienten dann dazu, unter der Propaganda die Gettos zu befreien, Subkultur gesellschaftsfähig zu machen. Also Motto *„Wir sind ja so bunt!"* Gemäß der Frankfurter Schule, diente es jedoch zur Zersetzung der Gesellschaft. Sie erinnern sich gewiss, wie oft überzeugte Vertreter dieser Subkulturen beklagten, dass ihre Philosophie kommerziali-siert wird.
Die Gangster-Rapper kamen so in Mode, ihr Latino Gegenstück der Mareros waren die Ragetoneros, da hinter steht allerdings eine gut geölte neoliberale Maschinerie, die diese, immer noch mit dem Hauch des Gangsters sich schmückenden, Rapper hochpuschten. Kriminalität wurde

zu etwas Bewundernswerten, in der künstlichen Szene die die Neoliberalen schufen, um die Gesellschaft zu zerstören und eine neue (in ihrem Verständnis kommunistische) zu etablieren und ebenso ihre Version des Neuen Menschen zu schaffen. Etwas was ja auch Adolf Hitler vorhatte. Hitler erklärte Goebbels jener Zeit eine neue Strategie, statt den Sozialismus als Doktrin festzulegen, wollte er den Menschen sozialisieren. Und wenn Sie dazu die 68er Strategie der Frankfurter Schule, die denselben finanziellen Hintergrund wie Hitler hatte, mit der Strategie Hitlers vergleichen, werden Sie feststellen, dass, bis auf eine gewisse Akzentsetzung, beide identisch sind.

Als die illegale Migration aus Lateinamerika immer mehr ein Thema wurde in den USA und die Linken *Refugees Welcome* schrien, als vorgetäuschter Humanismus, aber mit der tatsächlichen Absicht diese für sich zu nutzen. (Es sind vor allem die Neoliberalen in den Südstaaten, die durch die Illegalen Lohndumping betreiben.) Formierten sich nach dem Vorbild dieser Schwarzen Gangs auch Entsprechungen der Latinos und Chicanos (Subkultur von Latinonachkommen, die weder richtig Spanisch noch Englisch reden). Nur sind diese inzwischen weitaus bedeutender geworden.

In Deutschland führt uns eine ähnliche Entwicklung zu der 68er-Bewegung, also Frankfurter Schule, die gezielt den engen Kontakt zu kriminellen Organisationen (zur Finanzierung) und terroristischen Banden (als Waffe) suchten. Dabei wurde vom Kommunismus zwar geredet und von der Schöpfung des Neuen Menschen, tatsächlich war diese aber Instrumente der Alten nationalsozialisti-schen Machtclique in Verbindung zum Ostblock.
Die 68er sorgten für zunehmenden Antisemitismus und für die Verherrlichung krimineller Banden wie RAF,

Revolutionäre Zellen oder Bewegung 2. Juni.[13] Und zwar
mit einer Dialektik, die so dicht an die NS-Polemik rann
reichte, dass da höchstens ein Blatt Papier dazwischen
passte.
In der Alternativbewegung der Kulturrevolution erhielt die
Bezeichnung Bande (Gang, Mara) eine positive
Umdeutung. Wichtige Schlüsselposition dabei kommt den
freien Waldorfschulen bei. Diese Umdeutung geschah auf
vielen Bereichen. Pädophilie sollte akzeptabel sein. Kürzlich forderte ein Heiko Maas den Delikt Mord abzuschaffen.
Verbrechern und Mördern kommt das natürlich gelegen.
Ziel ist es, die traditionelle Gesellschaft zu zerstören.

In den 1970er Jahren setzten die 68er dann die Parole
"Bildet Banden!" in Umlauf. Man fand es an die Wände
geschmiert, mit einem Abbild von Pippi Langstrumpf.
Die Hipp Hopp Szene wurde gepuscht, als sanfte Variante
des Rap. Nur wurde diese Szene dann vom Spaßfaktor der
Fantastischen 4 oder *Fettes Brot* so dominiert, dass man
versuchte mit der Lancierung von künstlichen
Entwicklungen, wie z. B. *Sabrina S* und *Tic Tac Toe*
entgegen zu wirken. Was gleichzeitig den Feminismus alá
68er dienen sollte. Das Ganze wollte in Deutschland
allerdings nicht so funktionieren wie in den USA. Dennoch
sind die Zusammenhänge zwischen dem Rappermilieu und
IS-Söldnern dabei sehr aufschlussreich.
Den fehlenden Durchbruch versuchten die 68er damit zu
erklären, dass Deutschland einfach zu weiß sei (im
Gegensatz zur USA). Sie haben dieses Argument gewiss
bereits gehört. Natürlich ist „zu Weiß" ein versteckter
Rassismus. Aber in einer anderen Form, als Sie es jetzt
glauben. Die Linken sagen nicht, was sie denken, sondern
verstecken es hinter Worten, die sogar das Gegenteil

13 Vgl.: Michael Kleemann: Antisemitismus politisch korrekt – 1. Teil
Wenn der Sozi vom Zionisten spricht, Juni 2015, Seite 18. ISBN-10:
1514331519 ISBN-13: 978-1514331514

ausdrücken können. Dieses „zu Weiß" muss verstanden werden als, „zu gut". Den Leuten geht es „zu Gut", darum funktioniert es nicht mit der sozialistischen Revolution. Auf die Idee, dass ihre Ideologie einfach Humbug ist, kommen diese freilich nicht. Nicht der Allmächtige Schöpfer Karl Marx liegt falsch, es muss beim Proletariat liegen. Logische Konsequenz, das Leben des Proletariats muss verschlechtert werden. Sie selbst schaffen die Verfehlungen und Ausbeutungen, die sie dann dem Kapitalismus vorwerfen. Gewisse Personen und Völker wurden von Karl Marx als „Völkerabfall" definiert, wir kommen darauf gleich noch mal genauer zu sprechen. Diese Völker sind geistig nicht in der Lage, sich anzupassen und den intellektuellen Widerspruch zum Europäer aufzuholen. Sie müssen nach Marx vernichtet werden, sind aber gut genug vorher für Unruhe zu sorgen.

Wie könnte man nun also schnell Zustände wie in den USA erzeugen? Masseneinwanderung bietet sich an. Europa war nicht gut, denn Italiener, Spanier, selbst Rumänen brachten nicht den gewünschten Erfolg, die integrierten sich zu leicht und begannen konservativ zu denken, wie die Deutschen. Es war ja immer noch die verhasste christlich-jüdische Kultur. Also muss man irgendwas Exotisches finden. Latinos, wie in den USA , waren schlecht zu realisieren, also was bleibt sind Muslime. Da konnten sie sicher sein, dass die sich nicht integrieren. Und tatsächlich, neben all dem Schwafeln und Heucheln zielt die Politik der deutschen Linken auf einen Punkt ab: Integration muss verhindert werden. Nur so lassen sich soziale Unruhen erzeugen.
Dennoch war der „linke" Hipp Hopp ein wichtiger Schritt in der Positivierung von Gang und Getto Leben, wie es auch in den USA von großer Bedeutung war, für die Bildung der Maras. Die inzwischen so viel Macht hatten, dass sie den Staat zersetzen und unkontrollierbar sind. In Honduras, ich

war zu dieser Zeit gerade da, hatte das Land einen Zustand erreicht, dass man Leute außerhalb des Gesetzes erschoss. Eine sichtbare Tätowierung war bereits Grund genug für ein Todesurteil, denn das deutet auf Mara-mitgliedschaft hin. Präsident Ricardo Maduro gestand öffentlich ein, dass man der Gang-Plage mit dem Gesetz nicht mehr Herr der Lage werden könnte, und regte den Bau von Gulags in der Mosquitia an, mit dem klaren Ziel die Mareros in Massen umzubringen. Das ganze Volk unterstützte es. Auf jeden Fall begann die Regierungen aus einigen Gefängnissen, wie in La Ceiba, gewöhnliche Gefangene weg zu verlegen und mit Mareros zu belegen. In La Ceiba war man um das 20fache überbelegt. An einem Wochenend umstellte die Armee das Gefängnis. Man brannte es nieder, nachdem das Wachpersonal alles verschlossen und die Anlage verlassen hatte. Die Medien berichteten von einem Gefangenenaufstand und das die Gefangenen selber Feuer gelegt hatten. So war es jedoch nicht, es war eine Massenexekution, die sich im ganzen Land immer wiederholte. Und eben diese Zustände der Dritten Welt werden wir hier auch haben, wenn wir die Verantwortlichen nicht ergreifen und Ausbürgern, Aberkennung aller staatsbürgerlichen Rechte und Privilegien. Und Abschiebung ins Exil, vorzugsweise Nordkorea.

Genauso diente die Gang dann als Familienersatz (wie die Mara auch) nachdem die 68er begannen, die traditionelle Familie zu zerstören. Und eine neue Gemeinde zu schaffen, in der diese die Erziehung der Kinder über-nimmt. Und dies wiederum lehnt sich am gesellschaftlichen Vorbild Sparta an.
Diese Gesellschaften, die tatsächlich einen Kommu-nismus praktizieren, in dem die Gang die Familie ist und durch Raub an der produzierenden Klasse finanziert wird. Kommunismus kann nur parasitär existieren, das hat auch

inzwischen die Linke begriffen.

Die Mara basiert sehr auf der Arbeitsweise, wie es das Experiment Die Welle zur Implantierung des Nationalsozialismus aufzeigte. Statt der Familie gehört jeder zur Gang, die untereinander enge Verbindungen hält. Die durch Gang-Slang (nämlich nichts anderes als ein eigenes Politisch Korrekt), Philosophie (Ideologie) und Symbole (von Sonnenblume bis Antifa) verstärkt wird, wie der Nationalsozialismus es genauso tat.

Ein sehr oft verwendetes Symbol der Mara 18 ist das Hakenkreuz. Das inzwischen auch bei der Antifa in Großbritannien häufiger verwendet wird, da die Entwicklung des gesellschaftlichen Verfalls dort viel weiter vorangeschritten ist und das Hakenkreuz auch kein verbotenes Symbol ist.

Die Mareros feiern gemeinsam, leben gemeinsam, tauschen sich in Partnern untereinander aus und betreiben Pädophile, sie Morden allerdings auch gemeinsam. Die Mara schwappte von den USA nach Großbritannien über und setzte sich in der untersten Arbeiterklasse fest, die nun als die Keimzelle der Skinhead Bewegung angesehen wird. Als sei das eine völlig unabhängige Entwicklung. Von London aus kam es dann zur Ausbreitung nach Europa. Allein in Großbritannien werden die jährlichen Umsätze der Gangs auf 352 Mrd. Pfund beziffert.

Die Auswirkung dieser Banden des Neuen Menschen spürt insbesondere Zentralamerika, wo ich lange lebte und im Rahmen sozialer Projekte sehr mit dem Treiben und Arbeiten der Mara zu tun hatte. Ein Freund von mir wurde im Rahmen dieser Arbeit zerstückelt vor meine Haustür gelegt. Die Banden Mitglieder töteten gemeinsam einen der gegen die Regeln der Gruppe verstieß und positioniert ihn in den Straßen. Mareros sind der Link zwischen Drogenkartellen, Neoliberalen und der deutschen Linken, die wohl kaum zu Wundern den Drogenkonsum legalisieren will.

Ich wette das Die Grünen bereits den Markt zur Monopolisierung vorbereiteten, wie sie es zuvor mit den alternativen Energien getan hatten.

Die Mareros sind zu extremster Grausamkeit fähig, völlig entmenschlicht und jederzeit zu einem Holocaust bereit. Es ist der verbesserte Nazi, bei dem selbst die Nation kein Hindernis mehr ist, denn er ist international oder global.

Das Wort Mara hat in Zentralamerika jeden positiven Ton verloren, sie ist ein Pseudonym für ein unkontrollier-bares Monster, vor das der Staat nicht schützen kann oder will. Sie rekrutieren sich aus den untersten Schichten der Gesellschaft und elternlosen Kindern.

Die zweitgrößte Mara ist die Salvatrucha, die sehr eng mit dem Sinaloa Kartell und dem mexikanisch-guatemaltekischen Zetas zusammenarbeitet.

In Zentralamerika geht die Bevölkerung, welche sich von der Regierung verraten fühlt, immer öfter mit Lynchjustiz gegen Mareros vor. Ganze Stadtbezirke organisieren sich und ergreifen Mareros, die oftmals öffentlich verbrannt werden. Soziale Unruhen halt, wie man sie in Deutschland provozieren will. Ich war bei dieser Selbstjustiz einige Male selber anwesend. So endet es dann, wenn man linke Regierungen hat.

In einem Land freilich, in dem selbst aus Sozialisten Rechtsradikale gemacht werden können, wird der Neue Mensch des Sozialismus etwas anders ausfallen, als in den USA. Interessant ist da zum Beispiel, die Gutmenschversion, Modell MLPD. Erzkommunisten zwar, doch erinnern sie bizarrerweise viel eher an die als rechtsradikal eingestuften Sekten der Fundamentalisten in den USA. So vom Kaliber Waco.

Die MLPD (Marxistisch Leninistische Partei Deutschland) übt sich in komischen Ritualen, versteht sich als Ersatzfamilie und wird eigentlich in allen Publikationen schlecht gemacht, die nicht von ihr Selbst stammen. Allerdings taucht sie überall auf, wo auf deutschen Straßen *„Juden ins Gas"* skaliert wird und Die Linke erscheint. Nun ja und auch in syrischen Bürgerkrieg ist sie als Söldner dabei. Der Parteichef Engel hatte offen bereits angekündigt, dass, wenn das Volk sich erhebt, sie be-waffnet dabei sein werden. Äußerungen, staatsfeindlicher Art, wie sie von der MLPD getan werden, dürfte sich keine NPD herausnehmen. Die Partei, die offenbar als militäri-scher Arm der Die Linke fungiert, ist Moskau hörig (wie Die Linke) bewaffnet und ungewöhnlich reich. Die deutsche Justiz behindert jedoch Untersuchungen zu den Hinter-gründen. Offenbar hat diese Partei sehr einflussreiche Hin-termänner.

Es gibt auch unschöne Entwicklungen aus des Azzlackszene und die Linksextremisten in Sachsen, die sich besonders aus Kurden und Türken rekrutieren. Der Islam ist da jedoch nicht mehr von Bedeutung und man nennt sich Kommunist.

VIII. Warum die deutsche Linke den Islam unterstützt

Warum Konservative sich gegen das Eindringen, eines so fremdartigen Gebildes wie den Islam wehren, ist klar und sticht sofort ins Auge. Es soll daher hier nicht weiter erläutert werden. Viel verwunderlicher ist es jedoch, dass sich die deutsche Linke so sehr an den Islam anbiedert. Mir fällt bereits seit Jahren auf, und dies ist ein Phänomen, welches alle westlichen Länder mit muslimi-scher Minderheit aufweisen, dass all jene die sich dieser anti-islamischen Stimmungsmache widersetzen und pe-netrant bei jeder sich bietenden Gelegenheit als Beschützer und Interessenvertreter der Muslime gerieren, nahezu ausschließlich der politischen Linken angehören. Von Gemäßigt-links, über Religiös-links bis hin zu Linksextrem ist alles in diesem Lager vertreten.

Die Werte des Islam sind erzkonservativ und reaktionärer, steht dem, was die Werte der Linken sein soll, zumindest angeblich, als anti-Pol entgegen. In der Tat könnte man zwischen Islam und Konservativen mehr Ähnliches entdecken, als mit den Linken. Und daher stellt sich die Frage: Was soll das?

Man könnte es mit der Lehre der Frankfurter Schule erklären: *„Willst Du das System kontrollieren, musst Du beide Pole kontrollieren."* Jedoch das allein ist es nicht. Ich vermute dahinter etwas weitaus Kriminelleres. Wie ich zuvor schrieb, legt es die Linke darauf an Unruhen und Bürgerkrieg zu provozieren und bedient sich da der Homosexuellenbewegung, ähnlich den Nazis, als Tötungspersonal. Ähnlich umgarnen sie den Islam, nicht mit der Absicht der Integration, sondern um eine Mordorgie zu inszenieren, und zwar um die verschiedenen Gruppen gegeneinander zu hetzen. So wollte es Marx.

Schaun sie nur mal den Stimmungswechsel. Anfang der 1990er waren es linke Medien, die den Islam verspotteten.

103

Dann kroch man selbigen Islam geradezu bis tief hinein in den Dünndarm. Die schlimmsten von diesen, wie Focus und Huffington Post, die der US-Linken nahe stehen, beginnen nun erneut mit einer 180°-Wendung und kehrt zu den Ansichten der 90er zurück: rückständiger Islam, reaktionär, Einwanderung löst das demografische Problem nicht... Eine anderes Hetzblatt, Die Welt, brachte nun einen Artikel über eine andere Randgruppe, die Islamfeindlich ist: Aussiedler aus Russland.[14] Was hier geschieht ist es rassische und religiös motivierte Unruhen zu provozieren. Schauen sie sich mal die Hintergründe in den Rassenunruhen, in den USA an, meist Schauplatz Los Angeles. Dort gibt es nur linke Rädelsführer, die hetzen.

Man kann vom Islam halten was man will, aber, jedenfalls hat er seine Werte und Moral, die sich mit unse-ren nicht vereinbaren lassen und für viele unakzeptierbar sind. Doch es sind Werte und Moral, wie sie singulär für diese Kultur und Religion sind.
Dahin gehend predigt die deutsche Linke Dekadenz, anti-Moral, Gewalt und Verkommenheit. Also genau das, warum der Muslim sagt, Europa muss zerstört werden (genau das will der Linke ja). Ich rede hier von der Linken, die Teil des Establishment ist, das sie vorgeben zu bekämpfen.
Mit eben dieser Pseudo-Linken verbindet der Islam rein gar nichts, weder in politischer, sozialer oder weltan-schaulicher Hinsicht. Das Weltbild eines Muslime steht dem dieser deutschen Linken vollkommen entgegengesetzt gegenüber. Es gibt Muslime, die das sehr wohl erkennen, wenn sie gemäßigt und gebildet sind. Andere aus niederen sozialen Verhältnissen erkennen das nicht (und entspricht damit der Klassifizierung durch Marx), weil sie nicht die geistigen Fähigkeiten haben etwas weiter zu schauen, als auf ihre Fußspitzen. Sie glauben, sich gegen einen Kampf gegen

---

14 http://www.welt.de/politik/deutschland/article151685379/Man-hat-die-reingelassen-Und-uns-gibt-man-nichts.html

Islamophobie zu sehen. Dieser irreale Begriff ist nur ein Kampfbegriff, mit unklarem Inhalt, der in Mekka erfunden wurde. Sie reden sich sogar Gemeinsamkeiten ein, weil sie linken Manipulationen auf den Leim gingen. Sie verteidigen diese falschen Vorstellungen radikal und offenbaren nur, wie wenig sie von ihrer eigenen Kultur und Religion wissen. Es handelt sich hierbei um Leute, die bei gleichzeitigen, leidenschaftlichen Sympathiebekundungen für Muslime und ihre Bedürfnisse alle nur denkbaren Kübel des Hasses und Spottes insbesondere über konservative Christen und ihre Werte ausschütten und bspw. den Papst zutiefst verabscheuen, nur weil dieser unter anderem gerade noch den nötigen Rest an Mut aufbringt, die Homo-Ehe und voreheliche Geschlechtsverkehr (wenn man so möchte, neben Abtreibung, Umweltschutz zugunsten *"Mutter Natur"* und Drogenkonsum die *"fünf heiligen Säulen"* linker Ideologie) abzulehnen.

Ich möchte da nur einmal ein Beispiel nennen, Claudia Roth trat 1981 aus der katholischen Kirche aus, um damit gegen deren Haltung gegenüber der Frau zu protestieren. Vor einiger Zeit dann fuhr sie in den Iran und legte eine ganz Körperverschleierung an. Das Beste allerdings kommt noch! Sie fuhr in den Iran, um dort an einer Konferenz von Holocaustleugnern teilzunehmen, zur gleichen Zeit unterstützte sie via Facebook eine Auschwitzgedenkfeier. Weniger als eine Woche nach ihrer Rückkehr wurde im Iran eine Frau wegen außerehelichen Sexualverkehr hingerichtet, sie war vergewaltigt worden. Claudia Roth ignorierte das. Schizophren oder subversiv?

BÜNDNIS 90/DIE GRÜNEN
Vor 70 Jahren wurde das Vernichtungslager
#Auschwitz befreit. Mehr als eine Million
Menschen wurden hier ermordet. Die
entsetzlichen Nazi-Verbrechen dürfen niemals
in Vergessenheit geraten. Teilt unser Bild und
setzt Euch damit für eine Welt ein, in der
Menschen jeder Herkunft frei und ohne Angst
leben können.

Timeline Photos · Monday at 18:03 ·
View Full Size · Send as Message · Report Photo

👍 Like   💬 Comment   ➤ Share

Claudia Roth and **1,509 others** like this.

Write a comment...   Post

Es ist eine wohlbekannte Tatsache, dass die Religion,
sofern diese sich nicht als linke Befreiungstheologie um-
funktionieren und instrumentalisieren lässt, allgemein ver-
abscheut, als *"Opium des Volkes"*, der *"armen, unter-
drückten Kreatur"* bezeichnet wird. Dies ist der Hauptgrund
linker Politik für die seit je hergewollte Anhebung des
Lebensstandards der bescheidenen Schichten, um diese
durch ein angenehmeres irdisches Leben von der Religion
abzubringen. Jeder, der aufmerksam der Politik folgt, wird
auch hier erkennen, dass die Linken es zwar sagen, aber
nicht tun. Je mehr Linke an der Regierung beteiligt sind,
desto mehr soziale Probleme und zunehmende Verarmung
gibt es. Unfähigkeit oder Absicht? Armut geht einher mit

Radikalisierung und Aggression.

Bodo Ramelow sagte vor ein paar Monaten, dass es für ihn keinen Platz mehr gäbe in Die Linke, wenn die Partei den Gottesbezug verneine. Der Mann ist Mitglied einer staatsfeindlichen Partei, die nicht nur auf 40 Jahre Diktaturerfahrung zurück blickt und die Verfassung abschaffen will, sondern ihr Endziel im Kommunismus definiert (obwohl sie sich offiziell zu etwas anderem verpflichteten). Die Partei, ins besonder Bodo Ramelows Die Linke in Thüringen, fährt den selben radikalen Kurs gegen die jüdisch-christliche Gesellschaft, wie Die Grünen. Da ist die Frage nicht nur, welche Klasse von Christ ein solcher Ramelow sein wird, sondern, mit welchem Recht sich eine solche offenbar beliebige Person, die kein Profil hat, heraus nimmt Richtlinien für Christen abzugeben? Hier wird ohne Kultur und Leitsatz Verführt und sei es, dass man sich um Kopf und Kragen redet. Die Verführer der Linken sehen sich bereits als religiöse Führer und erinnern an die radikalen Sektenführer in den USA. Weshalb es nur gerecht ist, diese ganze verlogene Bande unter religiösen Aspekten zu betrachten. Ihnen geht es nur um ihre Querfront. Insbesondere im extremeren, marxistischen Lager gibt es keinerlei Sympathie für jegliche Form der Spiritualität. Die politische Linke hat zudem vor allem in den 60er Jahren, in denen der Marxismus über die Ideologie der Frankfurter Schule zu einer erneuten Blütezeit gelangte, die Grundlagen dafür geschaffen, grundlegende Werte, die einst auch dem Westen zu eigen waren, wie Keuschheit, Familienzusammenhalt und Achtung vor der Autorität sowie fundamentale gesellschaftliche Institutionen wie die Ehe bzw. die Familie einem stetigen Zersetzungsprozess auszuliefern, um diese nachhaltig zu zerstören, was ihnen im Nachhinein betrachtet, zweifellos gelungen ist. Dieser soziale Verfall und jener der Moral, werden bewusst gesteuert und gefördert von den Linken. Zum Beispiel in der Rückführung psychopathischer Djihadisten und

Förderung von Pädophilen. Und seien wir mal ehrlich, was hätte man in der DDR mit einem Pädophilen gemacht? Insbesondere auf die Institution der Familie haben es Linke seit Anbeginn ihrer Formation und Agitation abgesehen, sei sie doch gemäß ihres Ziehvaters Marx aufzuheben, da sie für die Versklavung von Frau und Kind stehe und langfristig betrachtet einem anti-autoritären, kommunistischen Utopia und kurz- bis mittelfristig einem sozialistischen Staat, welcher schon in der Wiege die Erziehung und geistige Formung der Kinder übernimmt, im Wege stehe. Das geeignete Instrument hierfür war der Feminismus, welcher insbesondere im Zuge der 68er-Revolution in noch radikalerer (marxistischer) Form einen neuen Auftrieb gewann und sich insbesondere nach dem vollzogenen Marsch der 68er durch die Institutionen in der politischen Praxis niederschlug und in immer groteskeren Formen auftrat.

All dies hat nicht nur zu einer drastischen Senkung der Geburtenrate geführt, da viele Frauen, insbesondere Akademikerinnen, das Nachgehen ihrer Selbstsucht in Form einer Karriere einer Familiengründung vorziehen, (unter anderem, um sich wiederum Konsummüll zu kaufen, den sie nicht brauchen) sondern auch zur Zerschlagung der (im Islam heiligen) Familienbande geführt. Des Weiteren dürfte auch das heutige anti-islamische und vom Feminismus beeinflusste, männerfeindliche Familien- und vor allem Scheidungsrecht Männer von einer Familiengründung abhalten oder davon Kinder, in welchem Rahmen auch immer, in die Welt zu setzen. Dieser Prozess der Familienaufhebung wurde kontinuierlich und systematisch bis heute weiter geführt mit der flächendeckenden Einführung der Kinderkrippe. Heute haben Emanzen dadurch mehr denn je die Möglichkeit sich ihrer Kinder gleich nach der Entbindung von der Nabelschnur zu entledigen, um ihrer *"Selbstverwirklichung"* nachzugehen. Bald nach der mit fadenscheinigen Argumenten begründeten und geplanten

Einführung der Ganztagsschule werden wir uns gesellschaftlich genau dort befinden, wo Marx uns haben wollte. Dann besitzt der Staat das alleinige Monopol auf die Erziehung von der Wiege bis zum Erwachsenenalter, so wie damals bei den Spartanern. Allerdings ist das Endziel ein anderes: Curt Amery, Partei "Die Grünen":

> *„...dass wir, das heißt die Grüne Bewegung, einen Kulturentwurf anstreben, in dem das Töten eines Waldes verächtlicher und verbrecherischer gewertet wird, als das Verkaufen von Kindern in asiatische Bordelle..."* [15]

Ich erinnere mich bereits an Gespräche, mit diesen asozialen Gesindel, in dem mir zu erklären versucht wurde, das Tierrechte schwerer wiegen als Kinderrechte, da Tiere (offenbar im Gegensatz zu Kindern) Leid empfinden. Ist Euch da draußen klar, dass diese Kriminellen in Deutschland die Familienpolitik betreiben?

Noch in den 70er Jahren besaß ein Facharbeiter sein Eigenheim und Auto, die Frau arbeitete nicht, denn das Gehalt des Mannes deckte alles ab. Es gab auch Ehen, wo die Rollen getauscht wurden. Das ist ja in Ordnung. Das Problem ist, das heute, dank der linken Politik zur Vernichtung der Mittelschicht, die Armut zunimmt. Man braucht heute trotz Arbeit, Zuschüsse aus den Sozialkassen oder mehrere Arbeitsstellen, wohingegen die Ehefrau ebenso arbeiten muss, damit das Geld ausreicht. Vor ein paar Jahren glaubten sich Die Grünen ganz schlau, zur Wahl *Jobs, Jobs, Jobs* zu fordern. Selbst junge Menschen verstanden die Nachricht: Das war kein Wahlversprechen, es war eine Drohung! Du brauchst 3 Jobs, um nur über die Runden zu kommen. Das sind amerikanische Verhältnisse, eingeführt von der deutschen Linken, um die Bevölkerung zu schikanieren. Doch wenn man nach den

---

15 Quelle: Zeitschrift "Natur", 12/1982, Seite 42

Schuldigen fragt, beginnen sie dummes Zeug zu labert von einer zionistisch kontrollierten Wall Street. Die Schuld liegt jedoch bei ihnen und niemanden sonst.

Soziale Unsicherheit erhöht auch Rassismus und Gewaltbereitschaft. Das wissen die linken Demagogen nur zu genau, weil die studieren das in aller Welt. Als die Schröderregierung Hartz 4 einführte, ging es darum, das Los der ärmsten zu verschlimmern, damit diese sich radikalisieren. Dies geschah mit der Begründung, dass es kein Geld gibt. Bei der gegenwärtigen Asylanteneuphorie heißt es hingegen, dass es genug Geld gibt und sich keiner Sorgen machen soll. Tatsächlich haben die Hartz eingeführt, weil dieser Asylwahn damals bereits geplant wurde.

Ziel der Linken ist nicht nur die Familie zu zerstören, sondern durch Not auch Aggression und Unzufriedenheit zu erzeugen. Es waren die Linken, speziell die rot-grüne Schröderregierung, die die Marktwirtschaft in der BRD vernichtete. Warum hatte bereits viele Jahre zuvor Rudi Dutschke erkannt. Gemäß seiner richtigen Einschätzung lässt die Marktwirtschaft den Arbeiter am Reichtum teilhaben, dadurch wird er aber zufrieden und das System stabil, weil er von der sozialistischen Revolution abgehalten wird. Ergo ist es notwendig für den Linken Unzufriedenheit zu erzeugen, damit er an sein Ziel gelangt, dass Stürzen des Systems.

Der Zweite andere Totengräber der Familie war neben dem von Grund auf anti-familiären Feminismus die ebenso marxistische Praktik der sogenannten "freien Liebe", voran getrieben und verbreitet durch die sexuelle Revolution der 68er. Das beinhaltet Sex unter Verwandten ersten Grades. Und bei aller berechtigten Kritik am Islam, das erlaubt nicht mal dieser. Die Haltung hinter dieser Philosophie findet ihren konzentrierten Ausdruck in dem unfassbar dämlichen

Ausspruch: *"Wer zweimal mit der gleichen pennt, gehört zum Establishment!"*. Die Folge dessen war im Übrigen nicht nur wie bereits erwähnt die Erosion der Familie, sondern auch die Zunahme und Verbreitung von Geschlechtskrankheiten wie AIDS, die Sexualisierung unserer Gesellschaft und die Enttabuisierung von perversen Sexualpraktiken durch die grüne Pädophilen AG, welche das Verbreiten von Geschlechtskrankheiten zusätzlich förderte, sowie die gefährliche Zunahme von linkerseits als "emanzipatorisch" gefeierte Pornografie, die zudem noch als Katalysator für all dessen wirkt. Ein weiterer dritter Faktor, der sich besonders heute äußerst verheerend auf die Familienstruktur auswirkt, ist die von Linken initiierte totalitäre Homosexuellenbewegung. Die den Schwulen einzureden versucht, dass Schwulenrechte aus irgendeinem bizarren Grund etwas mit Linksterrorismus und Angriffen auf die Demokratie zu tun hätten. Die oft religiös zelebrierte Solidarität lässt dann über die Widersprüche hinwegsehen. All dies geschah selbstverständlich mit voller Absicht entlang der Vorgaben bzw. der politischen Langzeitprogrammatik des kommunistischen Manifests. So zum Beispiel wurden selbst Transexuelle und Pädophile in der Homosexuellenbewegung untergebracht, um diese stärker zu machen, obwohl dies völlig verschiedene Gruppen, mit andersartigen Philosophien sind. Dahinter steckt erneut die Frankfurter Schule und dem neuen Kommunismus, der darauf beruht Minderheiten, eben auch den Islam, wie mit den viel besungenen Reisigzweigen, die einzeln gebrochen werden, nicht aber als Bündel.

Vor diesem Hintergrund ideologisch völlig unüberbrückbarer Differenzen stellt sich die Frage wie sich dieses widersprüchliche und scheinbar völlig inkonsequente Verhalten der Linken erklärt. Dieses Verhalten sollte bei Muslimen nicht nur eine Alarmleuchte auslösen, sondern auch die Frage stellen: Warum erregten und erregen bereits erwähnte konservative Werte und strenge moralische Sitten einerseits im christlichen Milieu bei Linken völlig getreu ihrem ideologischen Überbau abgrundtiefe Abscheu, ja eliminatorischen Hass, der sich mitunter in Gewalt niederschlägt und andererseits bei Muslimen, bei denen jene Sitten noch strenger sind und ernster genommen werden, scheinbar nicht? Warum sind jene Werte, sofern sie unter westlichen Christen und Konservativen üblich sind, seit jeher Gegenstand vernichtender und beißender Kritik, bei Muslimen aber in den meisten Fällen nicht einmal ein Erwähnen wert? Warum ständig dieses angebiedere, obwohl Muslime die personifizierte Repräsentanz alle dessen sind, was Linke so abgrundtief hassen? Weil die Linken es darauf anlegen, das Muslime gegen diese Gruppen vorgehen und wenn möglich töten. Um daraufhin einen scheinbar triftigen Grund zu haben, Muslime zu dezimieren.

Es ist integraler Bestandteil des linken Weltbilds, wobei es hier völlig gleichgültig ist, an welchem Ende des linken Spektrums man sich befindet, mit seinem universellen Anspruch besagte Werte und Institutionen zu vernichten und daraufhin aus diesen Trümmern entlang seiner ideologischen Vorgaben eine neue weltweite Gesellschaft zu errichten. Der schleichende Prozess der gesellschaftlichen Zersetzung, das Erzeugen der Dekadenz und moralischer Niedergang, vor allem der Familie ist ein von allen Linken, wenn auch zumeist aus taktischen Gründen verheimlichter, aber dennoch gewollter Vorgang, an dem sie alle, welcher Schattierung auch immer, maßgeblichen Anteil hatten und der für die notwendige darauf zu folgende weltweite Transformation zu einer sozialistischen Ordnung notwendig ist. Das von ihnen erzeugte Chaos dient dazu, das der alleingelassene Mensch willig die Kontrollmechanismen des Totalitarismus akzeptiert. Das ist es, was die Frankfurter Schule lehrt. Um ein weiteres Beispiel zu nennen und um die Politik des

Bündels der Minoritäten zu verdeutlichen. Sehen wir uns die Juden in Deutschland an. Der Zentralrat der Juden, als größte Interessenvertretung, steht im Schulterschluss mit der deutschen Linken gegen die Konservativen. Ich hoffe aus Ignoranz oder Dummheit und nichts Verwerflicheres. Auch ihnen sollte eigentlich klar sein, wie die Juden weltweit von Sozialisten grundsätzlich behandelt wurden und auch behandelt werden. Dies wird völlig ignoriert. Auch sie müssen wissen, dass die Politik der deutschen Linken zur Vernichtung des Judentums führt. Nun gut, einige von ihnen haben die Alternative nach Israel zu gehen. Aber eben einige und nicht alle. Nur wer von einer jüdischen Mutter geboren wurde, wird dort als ein solcher anerkannt. Nichtsdestotrotz verbreitet man auch dort die Geschichte der jüdischen Großeltern von Gregor Gysi, um zu sagen: Das ist einer von uns! Nein, ist er eben nicht! Und dann stehen sie da und wundern sich über den Selbsthass gewisser Juden im Sozialismus, die Israel hassen und ihr Volk. Dieses seltsame Wort Selbsthasser, genauso wie Islamophobie, erklärt nicht das Problem, sondern übermalt es nur. Diese Juden, in ihrer Eigenschaft als Sozialisten, haben erkannt das es keinen jüdischen Staat, Nation und Kultur geben darf für eine sozialistische Weltrevolution.

Ben Gurion zum Beispiel hatte dies erkannt, diese Ursache des linken Antisemitismus. Zur Zeit des Algerienkrieges hatte er nicht die geringsten Skrupel sich mit den schlimmsten Antisemiten der extremen französischen Rechten zu verbünden. Warum? Ganz einfach. Der rechte Antisemit hasst zwar auch Juden akzeptiert aber dennoch die Existenz eines jüdischen Staates. Der Linke Antisemit hingegen tut das nicht und streitet dem Juden auch das individuelle Existenzrecht ab.

Nichts darf der sozialistischen Revolution im Wege stehen. Und dafür müssen selbstredend auf Dauer auch die

Traditionen und das Gefüge des Islams (oder Judentums und jeder anderen Religion) zertrümmert werden. Es handelt sich um das Prinzip des Urkommunismus, dessen Endstadium etwa in Kambodscha unter Pol Pot zusehen war. Als schon Personen, die eine Brille trugen, getötet wurden, und zwar nur aus diesem Grund. Da sich die deutsche Linke, aber auch die gesamte europäische Linke, vor dem Militär, also einem Staatsstreich, fürchtet, nimmt man hier noch andere Wege, versucht aber das Militär lahmzulegen. Ich erinnere daran das Die Grünen, die Abschaffung der Bundeswehr forderten, aus angeblichen Pazifismus. Doch sie hatten nie Probleme mit den Spenden aus der Waffenlobby. Gleichzeitig sind sie Hauptfinanzierer der staatsfeindlichen und radikalisierten und zu dem hochgradig gewaltbereiten Antifa, mit der sie sich eine Privatarmee schaffen, die die Revolution erkämpft.

Es kommt aus diesem Grunde auch nicht von ungefähr, das sie so wegen der IS-Djihadisten verhält oder andere ausländische Probleme, die sie aus angeblicher Menschenliebe nach Deutschland bringen wollen. Welcher auch nur halbwegs normale Mensch würde sich denn einen psychopathischen Mörder freiwillig ins Haus holen? Linke tun es, entweder, weil sie selbst geisteskrank sind, oder aber, was wahrscheinlicher ist, weil sie das Morden provozieren wollen.

Da Psychopathen im Hinblick auf das, was sie tun können oder tun werden, um an die Spitze zu gelangen, keinerlei Beschränkungen kennen, werden unweigerlich alle Hierarchien des gegenwärtigen deutschen Systems überwiegend mit Psychopathen besetzt.

Hinter dem scheinbaren Irrsinn der Zeitgeschichte steht der tatsächliche Irrsinn von Psychopathen, welche darum kämpfen, ihre überproportionale Macht zu bewahren, während wir uns wie Schafe verhalten und zur Schlachtbank laufen . Psychopathen fehlt ein genetischer Sinn für Reue oder Einfühlungsvermögen, und dieses

Defizit lässt sich durch einen Gehirnscan (Hirnszintigraphie) nachweisen! Zum Psychopathen kann man werden, durch Indoktrinierung mit verbrecherischen Ideologien. Manchmal heißen die Psychopathen dann Nazi oder manchmal Gutmenschen. Doch es sind immer Psychopathen. Insbesondere Die Grünen sind nicht nur eine Partei, die sich offen gegen das Grundgesetz stellt, sondern eine Partei des schieren Hasses und Vernichtung ist.

Sechs Prozent der Menschen werden laut Wissenschaft als Psychopathen geboren. Einen beachtenswerten Teil davon scheint es in die rot-grüne Politik zu ziehen. Aber, auch wenn der Psychopath ein Geisteskranker ist, sind diese zu überdurchschnittlicher Intelligenz fähig. Einige werden hochgepuscht, als Frontmann einer, für gewöhnlich als Elite bezeichneten, Lobby. Manchmal aber auch sind die Psychopathen noch Soziopathen und werden Politiker bei den Grünen.

 Es geht um die sozialistische Revolution. Diese soll möglichst bald beendet werden, denn sie begann mit der Schröderregierung. Und hat etwas mit der Amtszeit von Putin zu tun, die 2020 endet. Ohnehin taucht diese Jahreszahl, wie ein religiöses Dogma immer wieder auf. So auch bei der ISIS, für das Datum des dritten Weltkrieges. Dies wird im Buch *Black Flags from Rome* beschrieben. Darin soll sich dieser große Krieg aus einem Ukrainekonflikt entwickeln. Erstaunlicherweise will der ISIS dabei zusammen mit seinem angeblichen Feind Russland gegen Europa losschlagen. Es gibt sogar eine Landkarte des IS, in der Europa bereits aufgeteilt ist. Südosteuropa und Iberien gehört dabei dem Kalifat, das restliche Europa den Russen (Eurasisches Reich). Aus Sicht des IS gibt es demzufolge, eine ganz klare, sich gegenseitige Dreiecksbeziehung, zwischen ISIS, Moskau und europäische Linke. Es ist klar, das dies aus Sicht der europäischen Linken nur ein Etappensieg sein kann. Ist der Hauptfeind, die christlich-jüdische Welt gefallen, dann geht es folgerichtig gegen den ISIS. Dafür sollen ihnen dann wieder ihre bereits mit ihrer Ideologie infizierten Orientalen dienlich sein. Das Ganze deckt sich aber auch mit Aussagen von Alexander Dugin, der im Islam eine Hilfe zur Errichtung des Eurasischen Reiches sehen will. Aber auch mit Rabbi Raphael Eisenberg, der den Apokalyptischen Gog aus Magog mit Russland identifizierte.

Doch eines soll jedem klar sein, der noch immer meint den Mund halten zu müssen, die Schaffung des Neuen Menschen muss, wie überall auf der Welt, zwangsläufig in Totalitarismus und Konzentrationslagern enden, um sich der nicht integrierbaren anzunehmen. Und das meint eben ganz besonders Juden, aber auch Muslime.

Letzten Endes, (und dies sollten sich speziell jene charakterschwachen, von Minderwertigkeitskomplexen zerfressenen "Muslime" hinter die Ohren schreiben, die meinen sie müssten aus Gründen der gesellschaftlichen Akzeptanz einen relativistischen, liberalen, politisch-korrekten Pseudoislam vertreten bzw. herbei konstruieren), muss darüber hinaus auch der Islam in seiner lediglich rein spirituellen Form, als Vorbedingung zu einem kommunis-tischen *"Paradies auf Erden"*, einem atheistischen Materialismus weichen.

Diesbezüglich kann es angesichts der Ideologie der Linken und des danach ausgerichteten, weltweit zu beobachtenden gesellschaftlichen Wandels, voran getrieben vor allem von NGOs, Menschenrechtsorganisa-tionen und der UNO, nicht den geringsten Hauch eines Zweifels geben. Deswegen ergibt eine ehrliche pro-islamische Position aus der Sicht eines konsequenten, per Definition (gesellschafts-)revolutionären Linken nicht den geringsten Sinn. Und vor genau diesem Hintergrund müssen die Muslime das krampfhafte Gekrieche der Linken betrachten. Folglich kann es sich bei dem pro-islamischen Gebaren zumindest im Falle hochrangiger linker Politiker und sonstiger Schlüsselpersonen nur um eine doppelzüngige Taktik handeln. Es muss in Anbetracht vorangegangener Beobachtungen schlicht als subtilere Rekrutierungsstrategie gegenüber den Muslimen gesehen werden. Es ist wohl anzunehmen, dass man in linken Führungskreisen davon ausgeht, dass Muslime zum einen als häufiger unter Armut und Marginalisierung leidende Bevölkerungsgruppe eher empfänglich für linksrevolutionäre Ideen sind. Vor allem aber sind die Muslime als Kollektiv gleichzeitig als potenziell gefährlichster, weil das linke Gesellschaftsprojekt in Gefahr bringender, ideologischer Gegner, der schnellstens neutralisiert werden muss, einzuschätzen. Das heißt, Muslime werden nach der sozialistischen Revolution, wohl noch vor den Juden in die KZs gelangen.

Dieses Umwerben ist also nicht Ausdruck einer Form der Sympathie, sondern der Feindschaft und Angst. So wie man bspw. in Mafiakreisen einen Gegner mit Bestechung zu rekrutieren versucht, bevor man ihn im Falle eines Scheiterns dieses Versuches liquidiert. Und der Geist von linken Politikern arbeitet leider viel zu oft, nach den Regeln eines Mafiosi.

Haben Linke vereinzelt hier und da verstanden, dass sich die Muslime niemals von ihrer Religion trennen und zu ihrem Weltbild konvertieren werden, dann zeigen sie offen ihre Feindschaft und gehen dazu über Muslime offen zu bekämpfen, siehe unter anderem Alice Schwarzer, Günther Wallraff, Thea Dorn und den Antifapöbel.

Gleiches gilt aber mit jedem Angehörigen einer Minderheit, der sich nicht dem linken Willen beugt. Ich nannte in meinem Blog bereits mehrere Beispiele. Aber auch aus eigener Erfahrung kann ich berichten, wie überraschend schnell der Gutmensch vom *"Judenschwein"* und *"Judenknecht"* redet und das in dem vollen Bewus-stsein, dass es sich um den Jargon nationaler Sozialisten handelt. Denn hinter der Maske der internationalsozialis-tischen

Anzugträger im Bundestag und nationaler Sozialisten in der Waffen SS schmelzen die Unterschiede zusammen.

Einige werden jetzt vermutlich einwenden, es ginge nur darum, Wahlstimmen von Muslimen zu bekommen. Doch dabei wird ausgeblendet, dass es hier nicht nur darum geht, die Macht zu bekommen, sondern, dass betreffende Personen um jeden Preis ein fest umschriebenes gesellschaftspolitisches Programm umsetzen wollen, welches die gesamte Bevölkerung umfassen soll. Ob diese nun wollen oder nicht! Und es muss uns klar sein, aus eigenem Überlebensinstinkt heraus, dass wir diese Kakerlaken in die Gosse zurück prügeln müssen, aus der sie gekrochen kamen.

Außerdem muss bedacht werden, dass mit diesem extremen Durchpeitschen des Islam und einer anerzwungenen Islamisierung keine Integrierung erreicht wird, sondern lediglich ein Hass erzeugt wird, der derart anschwellen wird, dass es zu Mord und Totschlagen, eben das gewünschte Chaos, kommen wird.

Danach sagt der Linke: Das kapitalistische System hat versagt, es lebe der Kommunismus! Und das geschundene Volk wird darauf als Antwort brüllen: Heil Marx! Man betrachte, dass die Linken seit Jahrzehnten das so machen. Die wirtschaftliche Situation der Gegenwart ist eben nicht verursacht durch das Versagen des Systems, sondern durch die bewusste Zerstörung der Marktwirtschaft und falschen Interventionen in die Wirtschaft, zu der unter der rot-grün Regierung die Weichen gestellt wurden. Das wird aber ausgeblendet. Da beklagt doch die deutsche Linke tatsächlich, die Verarmung der Arbeiterklasse, obwohl dies durch den Billiglohnsektor ermöglicht würde, den Rot-Grün geschaffen hatte. Nun reden sie vom Grundgehalt, um sich als die Retter aus einem Problem feiern zu lassen, dass es ohne sie gar nicht gegeben hätte. Diese Wirtschaft, genauso wie die erschreckende Radikalisierung, die im Bürgerkrieg enden wird, würde von den Konservativen

Anfang der 90er vorhergesagt.

Der universelle Anspruch der Linken in ihrem eigenen Messiasmythos erstreckt sich auf die gesamte Menschheit. Ob man nun will oder nicht und zeigt damit, dass die Linken weder tolerant sind, noch das Individuum achten. Hierfür ist es erst einmal notwendig ebenfalls die Muslime, neben anderen, an Bord zu bekommen, genauso wie man es geschafft hat die (vor allem protestantischen) Christen, bzw. das, was von ihnen übrig geblieben ist, zu vereinnahmen und zu einem kümmerlichen Haufen politisch-korrekter relativierender Christentum Verneiner und Satansjünger umzuerziehen, für die es kaum wichtigere Werte gibt als Toleranz für Schwule und Lesben und die Rettung des Regenwaldes. Was aber hier vor ihren Augen abgeht, wird ignoriert.

Präziser ausgedrückt: Es geht darum die Muslime vollständig, das heißt politisch, weltanschaulich und geistig, zu vereinnahmen, ihnen die linke Ideologie inklusive ihrer Dekadenz über zu stülpen. Überall auf der Welt hat sich mittlerweile die liberal-marxistische Dekadenz ausgebreitet. Selbst das ehemals traditionalistisch-katholische Latein- und Mittelamerika ist der Dekadenz verfallen.

Die islamische Welt ist die einzige Weltregion, die noch eine eigene Kultur aufweist und in der Religion noch einen elitären Platz in der Gesellschaft einnimmt. Das ist unmöglich mit der linken Weltsicht vereinbar. Und das macht den Islam zur Gefahr für den Sozialismus. Um diese Gefahr zu schwächen, bereiten die europäischen Linken mit Moskau einen Krieg im Nahen Osten vor und hetzen Schiiten gegen Sunniten. Teheran drohte mit der Vernichtung von Medina und Mekka, sodass bei der Linken die Hoffnung besteht, dass anschließend der sunnitische Islam sich selbst auflöst.

In dieser Situation befinden sich aber auch Muslime im Ausland. Islam ist global und national gesehen der letzte

Stolperstein auf dem Weg ins weltweite gottlose sozialistische "Paradies". Am Thema des Islam erwacht die bürgerliche Rechte im Volk, die bisher jede Gängelung und den schleichenden Putsch des linken Gesindels stillschweigend ertrug.

Zweifellos muss man die von vorwiegend linken Parteien unterstützte Einwanderung von Muslimen auch unter diesem Aspekt betrachten. Der Plan ist, ihnen und der Aufnahmegesellschaft die Dekadenz überzustülpen und diese Dekadenz über die muslimischen Minderheiten im Westen in die islamische Welt zu exportieren. Deswegen die großzügige Sozial-, Einwanderungs- und Asylgesetz-gebung, Geschenke wie Quotenregelungen, "Islam"-Unterricht etc., um nicht nur möglichst viele Muslime in den degenerierten Westen zu locken, sondern eben dort durch einen möglichst angenehmen Aufenthalt - Stichwort "Willkommenskultur" - zumindest in die linke Dekadenz der Mehrheitsgesellschaft zu "bestechen" und zur Infizierung zu bewegen. So machten sie es bei den Juden. Daher auch immer dieses Geschwätz von der Entwicklung einer europäisch-islamischen Theologie, die unabhängig ist von der in Medina und an der Al-Azhar-Universität. Der sogenannte Euroislam, immer von Die Grünen gepredigt und von der Frankfurter Schule entwickelt.

Das Problem hierbei ist, dass man ganz genau weiß, dass die Muslime in ihrem Glauben viel zu gefestigt sind, um sie mit bloßer, zersetzender Kritik vom Islam ab zu bringen, zumal der Islam auch aus marxistischer Sicht längst nicht so viele Angriffsflächen bietet wie z. B. vor allem die katholische Kirche, die historisch gesehen häufig Gegenstand linker Kritik war.

Darüber hinaus würde offene Kritik am Islam eine Verhärtung der Fronten und eine feindselige Trotzhaltung, die einer Offenheit für neue Ideen im Wege stünde, fördern. Und welche Strategie eignet sich daher besser als die Muslime mittels Schmeichelei z. B. durch eine großzügige

Sozialpolitik (in der es im Übrigen auch darum geht die Abhängigkeit vom Staat zu zementieren) nebst Asylgesetzgebung, Quotenregelungen usw. sowie eine einwanderungsfreundliche Politik und vor allem rhetorische Schützenhilfe gegen die Konservativen zu vereinnahmen?
Die Frage aber, die sich jeder Muslim stellen muss, ist, wenn die Linken ihr Ziel erreicht haben, was werden sie mit Muslimen machen, die mit ihrem marxistischen System nicht leben wollen? Jedes sozialistische Experiment endet mit KZs, es ist immer so.

Man appelliert hier geschickt an die Sorgen und Nöte vieler hiesiger Muslime wie z. B. die Angst vor Diskriminier-ung, Rassismus und außenpolitische Themen, wie bspw. die Situation der Palästinenser. Man demonstriert für den Bau von Moscheen (in denen in vielen Fällen ohnehin nicht der Islam gelehrt wird). Man nutzt hier außerdem geschickt vorhandene Sprachbarrieren, die es vielen Muslimen erschweren sich zu artikulieren, um sie so zu bevormunden, ihnen Dinge auf zu schwatzen und ihre Gunst zu erlangen. Der Linke agiert wie ein Verführer, ein Seelenfänger wie die irgendeiner Psychosekte, sie nutzen ganz genau dasselbe System.
Zumal die Muslime insbesondere seit dem 11. September 2001 ständig von Konservativen bedrängt werden, was den Linken die zusätzliche günstige Gelegenheit verschafft, sich als einziger Retter in der Not zu präsentieren. Dazu scheute man sich nicht im geringsten zu behaupten, dass grausame Verstümmlungen und öffentlichen Hinrichtungen nichts mit dem Islam zu tun haben. Leider muss man sagen, dass es nicht viele Muslime vom Kaliber Ismail Tipi gibt. Dabei handelt es nur um die Neuauflage ihrer eigenen Verteidigung, dass die Toten des Kommunismus nichts mit dem Kommunismus zu tun haben. Auch wieder eine Strategie der Frankfurter Schule. (Hatte denn der Hexenwahn was mit den Christen zu tun?)

Hinter dieser Strategie verbirgt sich die Hoffnung, dass die Muslime langfristig betrachtet, begeistert und beeindruckt von diesem vermeintlich selbstlosen Engagement und der Nettigkeit ihrer linken Gönner, schließlich freiwillig zur linken Dekadenz konvertieren oder sich durch das (augenscheinliche) Entgegenkommen und die Unterstützung wenigstens dazu kompromittieren lassen, ihrerseits den Linken entgegen zu kommen, indem sie bestimmte Positionen übernehmen oder eigene zumindest abschwächen. (Vor allem natürlich was die Stellung der Frau bzw. den Feminismus oder die Position zur Homosexualität - hier berühren wir die zwei "heiligen" Grundpfeiler zeitgenössischer linker Politik - angeht. Oder wie soll man das Engagement bspw. für die Einführung des "Islam"-Unterrichts und die rechtliche Gleichstellung des Islams von einer Figur wie Volker Beck beurteilen? Warum die regelmäßigen, überaus blumig-süßlichen Grüße zum Ramadanfest von Klaus Wowereit? Eine weitere in diesem Zusammenhang übrigens äußerst beliebte psychologische Methode Muslime für die Unterstützung von Homosexuellen zu vereinnahmen und sie somit damit einhergehend ebenfalls zu mehr Toleranz, Offenheit und Akzeptanz zu bewegen, ist es Muslime und Homosexuelle ständig, bei jeder Gelegenheit und überall als angeblich marginalisierte Gruppen in einem Zusammenhang zu nennen. Siehe bspw. bestimmte Studien verschiedenster linker Organisationen die *"gruppenbezogene Menschenfeindlichkeit"* durch gefälschte Umfragen untersuchen, in welchen Vorurteile gegenüber Muslimen, Homosexuellen und emanzipierten, arbeitenden Frauen und anderen Gruppen *"belegt"* werden. Es geht um die Bündelung der Minderheiten, um sie mit Dekadenz zu vereinen zum Neuen Menschen des Sozialismus. In dem alles gleich sei. Hier geht es ganz klar darum Muslimen zu suggerieren, sie befänden sich als angeblich diskriminierte Gruppen, in einer Art Interessengemeinschaft mit Homosexuellen und Emanzen und müssten, wie bereits erwähnt, den Homosexuellen und Emanzen bzw. Feministinnen folglich entgegen kommen und ihnen mit Empathie begegnen.

Ein weiteres widerwärtiges Beispiel des Vereinnahmungs-versuchs ist das Verteidigen des Kopftuchs vonseiten von zunächst merkwürdigerweise Feministinnen. Im Fahrwasser, dessen jedoch wird das Kopftuch kurzerhand zu einem Symbol des Feminismus und der Emanzipation umdefiniert und nicht des Gehorsams gegenüber Allah. Daraufhin werden sich viele Musliminnen durch das Einsetzen für die Möglichkeit, dass sie das Kopftuch überhaupt tragen dürfen, insbesondere kompromittiert fühlen, diese Definition anzunehmen, um ihre Mitstreiterinnen nicht vor den Kopf zu stoßen.

Betrachten wir, um mal ein konkretes Beispiel zu nehmen, und hierbei handelt es sich um ein Thema, welches uns zurzeit am meisten tangiert, da man hier bei Kindern ansetzt, den geplanten Islamunterricht. Dieser wird ganz besonders von den Parteien die Grüne, SPD und die Linke unterstützt. Nun, wer wird so naiv sein und im Hinblick darauf allen ernstes annehmen, es ginge hier darum, muslimischen Kindern einen authentischen Islam zu unterrichten?
Das wird zum Beispiel von Chem Özdemir vertreten, der immer wieder fehlende Toleranz gegenüber dem Islam kritisiert, er klagte eine Moschee aus dem Haus in Berlin, wo er sich ein Apartment kaufte. Die Moschee war lange vor ihm dort. Es sind eben alles Heuchler.
Der Spiegel-Online erklärte Mohammed bereits zu einer männlichen Feministin.[16] Bertelsmann Medien sind sich wirklich für keine Posse zu schade und posaunen sie hinaus. Man bezieht sich dabei auf die Halbägypterin

---

16 Dienstag, 26.01.2016 - Sexualität und Islam: "Mohammed war in gewisser Weise Feminist"

Shereen El Feki, die sehr genau weiß, dass sie als Frau den Koran nicht auslegen darf.

Viele Muslime werden in diesem Zusammenhang bereits den Begriff *"Euroislam"* zu Ohren bekommen haben. Es wird selbstverständlich darauf hinauslaufen, dass man Kindern einen europäischen Pseudoislam beibringt, in dem es keinerlei Dogmen oder Werte gibt, außer natürlich Toleranz für Schwule und Lesben, Gleichberechtigung von Mann und Frau und Mülltrennung. Über Mohammed wird man wohl erzählen, dass er ein schwulen und lesbentolerierender, ökologisch orientierter, männlicher Feminist gewesen sei.

Dasselbe gilt für das neu eingerichtete Studium der islamischen Theologie. Abgeschlossen und für geglückt erklärt wird der Prozess der Integration wohl spätestens dann, wenn pseudo-islamisch legitimierte Homo-Ehen stattfinden, in Moscheen Jazzmusik gespielt wird und Hormonjogakurse stattfinden. Wenn es als I-Tüpfelchen irgendwann noch weibliche "Imaminnen" gibt, die am besten alleinerziehend sind und Alkoholikerin ála Käßmann, idealerweise mehrere Abtreibungen hinter sich haben und lesbisch sind, sowie einen entsprechenden Haarschnitt haben, dann gelten die Muslime vermutlich als vollständig in dieser Gesellschaft "angekommen".

Zusammenfassend lässt sich sagen: Es geht den Linken um nichts weniger als um die Zerstörung der Muslime und des Islam von innen durch die Aufoktroyierung ihrer Dekadenz. Im Grunde bieten sie folgenden trügerischen Handel an: Sie garantieren Unversehrtheit und volle Bürgerrechte, sofern Muslime im Gegenzug zu Ihresgleichen werden und lediglich nominell Muslime bleiben - mit anderen Worten quasi muslimische Jürgen Flieges werden.

Als Nebeneffekt kann man Muslime wie andere Minderheiten noch aktiv dazu instrumentalisieren den

Sozialismus einzuführen, z. B. indem man in Wahrheit für diese völlig nichtsnutzige Quotenregelungen für den Arbeits- und Wohnmarkt einführt, um so das freie Unternehmertum und das Konzept von Privateigentum anzugreifen. Oder Unterbringung der Asylanten in Privatwohnung, Schaffung also von Kommunen und Enteignung. Das ist Kommunismus! Und selbst verständlich wird es den Hass auf Muslime ins Unermessliche steigern. Dazu werden in den Medien sogar angebliche freiwillige Beispiele präsentiert, die seltsamerweise auch alle ganz wunderbar klappen. Natürlich wieder bei den Bertelsmann Medien, die Mohammed als Vorreiter der Emanzipation feiern. Ich warte nun auf den Artikel, der behauptet, Mohammed habe an der Kaaba BHs verbrannt, um die Frauen zu befreien.

Jeder, der schon länger ins ferne Ausland reiste weiß, was ein Kulturschock ist, der immer eintritt, wenn auch nicht immer in gleicher Form verläuft. Es handelt sich also um inszenierte Fälle die Statisten werden bezahlt. Oder wie sonst ist zu erklären, dass der DGB medienwirksam seine Räumlichkeiten für Asylanten öffnete, nach zwei Wochen dann bereits diese von der Polizei unter Schlagstockeinsatz vertreiben ließ. In den deutschen Medien wird der Ausgang dieser Fiaskoaktionen aber immer verschwiegen.

Doch dieses wichtige Thema kann hier nicht weiter erörtert werden. Irgendwann gibt es dann in den Moscheen Quotenregelungen für Homosexuelle, durch die unter anderem Moslems dazu gezwungen werden eben jene einzustellen oder bei sich wohnen zu lassen? Oder sollte, so wie natürlich verständlicherweise von einigen Muslimen gefordert wird, Kritik am Islam unterbunden werden, weil diese die Muslime verletze, mit der Folge, dass danach Selbiges mit Kritik an Homosexuellen geschieht? Dann werden Muslime ziemlich dumm drein schauen. So wie ich immer sage, dass Linke nicht Juden sein können, können sie auch keine Christen oder Moslems sein.

Die Konsequenz wäre, dass wir danach in unserer
Meinungs- und Religionsfreiheit eingeschränkt sind, also in
einer Diktatur ankommen, die wir selbst erzeugten. Diese
Gedankengänge sind linken Intellektuellen und Strategen
definitiv zu zutrauen. Dies sollten jene Muslime bedenken,
die solche Gesetzesinitiativen befürwortet. Denn ihnen fehlt
die Fähigkeit ein paar Schritte vorauszudenken. Man sollte
in diesem Zusammenhang auch die Frage erörtern, warum
"Islamophobie" dem unsäglichen Schlagwort "Homophobie"
fast gleicht. Man versucht auf wirklich jede erdenkliche Art
und Weise Muslime zu vereinnahmen.
Man muss zwangsläufig zu der Erkenntnis kommen, dass
die Linken somit eine viel größere, weil subtilere Gefahr für
Muslime darstellen als die Rechten, die immer-hin ehrlich
sagen, was sie denken. Während bildlich gesprochen die
Rechten mit Motorsägen Jagd auf Moslems machen,
lächeln die Linken ihnen freundlich ins Gesicht, reichen die
Hand und verbergen die Spritze mit dem langsam
wirkenden tödlichen Gift in ihrer anderen Hand hinter dem
Rücken. Darüber hinaus hat das langfristig tödlich wirkende
Gift die Nebenwirkung, dass Muslime sich selbst
erniedrigen und bis dahin freiwillig als Wasserträger ihrer
politischen Agenda missbrauchen lassen. Teile beider
Flügel (wobei natürlich anzumerken ist, dass auf keinen Fall
alle Politiker gemeint sind) des politischen Spektrums
haben die Muslime als ihre neuen Feinde aus erkoren,
doch die Linken bekämpfen sie auf eine viel niederträchtig-
ere Art und Weise. Denn Linken sind Begriffe wie Ehre und
Anstand völlig fremd.
Der rechte Flügel soll die assimilierungsunwillige Mehrheit
der Muslime gnadenlos unter Druck setzen und ihnen das
Leben schwer machen, sodass sie in die Hände der Linken
getrieben werden, die ihnen dann ihre Weltsicht zu
verkaufen versuchen. Zu jenen gehören im Übrigen auch
ganz besonders besagte ultra-liberale Protestanten, die
Muslime ständig mit "interreligiösen" Dialogen,

Nachmittagen, Reisen, Festen und sogar Gebeten und weiß der Kuckuck noch was belästigen, um eine Atmosphäre zu schaffen, in der einer Art "Amalgamreligion" zelebriert wird, die in Russland tatsächlich bereits existiert, und in der muslimischen Kindern vor allem vermittelt wird, dass alle Religionen richtig seien und jeder "Neue Mensch" ins Paradies käme. Hier und da finden mittlerweile sogar in Grundschulen verordnete "interreligiöse" Gebete statt. Insbesondere für die muslimischen Kinder und Jugendlichen, die noch nicht gefestigt sind in ihrem Glauben, tut sich eine nicht zu unterschätzende Gefahr auf. Sollte sich durch die Subversion der Linken und ihrer Agenten innerhalb der muslimischen Gemeinde oder durch die Vorbildfunktion bestimmter "Quotenmustermuslime" der Linken wie Cem Özdemir linke Dekadenz unter Muslimen ausbreiten, so wird dies ähnliche Folgen zeigen wie bei den Nicht-Muslimen: zerfallende Familien, eine selbst vernich- tende Geburtenrate und allgemeine Gottlosigkeit. Denn vergessen wir eines nicht. Bevor die bunte Fraktion der Gutmenschen sich erhob und ihre Liebe zu Refugees entdeckte, wobei der sich weigernden Bevölkerung immer wieder das demographische Problem, der Bevölkerungsab- nahme unter die Nase gerieben wurde, uns genau das Gegenteil erklärt wurde. Da wurde uns in Medien und Linken immer wieder das Großproblem der Übervölkerung erzählt. Aus irgendeinem bizarren Grund hat man dieses Problem offenbar gelöst, denn nun gibt es zu wenige. Das alles ist Unsinn. Die Linken haben nur ihre Taktik geändert, die Familienpolitik kaputtzumachen. Auch Deutschland hätte eine anständige Geburtenrate, wenn es eine anständige Familienpolitik hätte. Dass dies nicht der Fall ist, verdanken wir den Linken.
Kurz und bündig auf den Punkt gebracht: Den Muslimen droht genau die Selbstvernichtung, wegen der die westlichen Völker aufgrund ihrer Dekadenz jetzt stehen. All dies sei noch denjenigen Muslimen gesagt, die, und sei

es hier auch nur aus taktischen Erwägungen, Linke als Bündnispartner gegen rechts betrachten und vor allem aber auch denen, die sich mit ihnen in einer Solidaritätsgemeinschaft gegen "westlichen Imperialismus" sehen, während sie im Grunde genommen von ihnen dabei lediglich für die Errichtung eines weltweiten sozialistischen Staates benutzt und vereinnahmt werden, in dem es letztendlich keinen Platz mehr für sie und den Islam gäbe. Daher auch das krampfhafte Einzwängen der Versuche von Muslimen westliche Einmischung in ihren jeweiligen Ländern zu unterbinden ins sozialistische weltrevolutionäre Klassenkampfschema (siehe hier vor allem Chomsky, der allen Ernstes meint, die USA führten Krieg gegen die islamische Welt und den Islam, weil der Islam die "Religion der Armen" wäre und Muslime arm seien). Dieser Logik zufolge hätte die Islamische Welt in Frieden existiert, ehe sich die USA oder europäische Kolonialmächte für sie interessierte. Im historischen Kontext gesehen, war die Kolonialzeit im Nahen und Mittleren Osten, auch Nordafrika, ohnehin eine sehr kurze Periode. Und doch ist diese Logik, demzufolge es den blutigen Krieg zwischen Irak und Iran nicht hätte geben können, nachweislich falsch. Es war nämlich eher ein Krieg des Sozialismus der irakischen Baath-Partei, gegen den schiitischen Islam. Den sich die Linke plötzlich zum Freund erkor, nach dem die USA und Verbündete, den Sozialismus im Irak beendeten. Es geht hier nicht um eine Auseinandersetzung von Arm gegen Reich, ausgebeutete Dritte Welt gegen den bösen kapitalistischen Westen und für einen Sozialismus, die Linke Ersatzreligion schlechthin, sondern schlicht um das urmenschliche Bestreben nach dem Kampf der Kulturen. Es geht den "antiimperialistischen" Sozialisten auch hier darum, dass Selbstbestimmungsbestreben der Muslime für einen internationalen Klassenkampf zu vereinnahmen. Das Absurde daran ist, dass die Interventionen des Westens in der islamischen Welt, die Linke zu bekämpfen vorgeben, daraufhin arbeiten, dort genau dies einzuführen, was Linke zumindest kulturpolitisch ebenfalls möchten (gesellschaftspolitischer Liberalismus und Marxismus, also z.B. Homosexuellen- und Frauenemanzipation, Pornografie etc.). Also ihre Dominanz und Kontrolle.

Es darf nicht vergessen werden, was man Muslimen in realsozialistischen, linken Staaten antat (Sowjetunion und ihre Satellitenstaaten) und heute noch antut (China). Aber da passt dann wieder ihre Allzweckverteidigung: Das hat nichts mit dem Kommunismus zu tun.

Es kann bei entsprechendem Informationsstand kein Zweifel daran bestehen, dass wir es mit einer Form des Marxismus zu tun haben - diesmal eine grüne statt eine rote Form. Früher hat man versucht, die Enteignung und Gulags und den Überwachungsstaat mit "sozialer Gerechtigkeit" zu rechtfertigen. Heute tut man das mit dem Totschlagargument der Rettung gar der gesamten Erde, vor dem angeblich von Menschen verursachten Untergang. Damit lässt sich natürlich jegliche Form der staatlichen Zwangsmaßnahme rechtfertigen, inklusive Enteignungen von Unternehmern die den CO_2-Ausstoß ihrer Fabriken nicht, wie so häufig gefordert wird, um 50 % reduzieren oder das Einpferchen von Menschen in Gulags, welche sich nicht an die sicherlich irgendwann zumindest anvisierte Reglementierung bspw. des Stromverbrauchs halten möchten oder den Müll nicht trennten. Ich warte darauf, dass nun eine Studie belegt, das die Furze der Menschen die Ozonschicht schädigen. Denn bezüglich Rindern wurde das tatsächlich bereits getan. Dann ist es zur Massenvernichtung aus den urtypischen Grünen Slogan *Rettet die Ozonschicht*, nur noch ein ganz kleiner Schritt. Denn, noch mal, es geht ja um die Rettung der Erde inklusive der Menschheit vor dem Untergang!

Angela Merkel hat vor einiger Zeit bspw. ein Gesetz erlassen, welches besagt, dass Vermieter künftig ihre

Wohnungen umweltfreundlich umbauen müssen. Die Folge ist, dass jene Vermieter natürlich die zusätzlich dadurch entstehenden Kosten auf die Mieter abwälzen werden und somit viele Mieter auf staatliche Hilfen angewiesen sein werden.

Ein anderes Beispiel ist das sozialistische Verbot der Produktion von Glühbirnen oder von bestimmten Autos. Dieser Ökowahn führt also immer auf die ein oder andere Weise immer zu mehr Abhängigkeit vom Staat und Sozialismus. Der Staat teilt zu, aber wer zuteilt, kann auch nehmen und das wird in diesem Fall die Freiheit sein.

Vor einigen Jahren las ich mal, dass die UNO eine offizielle Mitteilung herausgegeben hat, in der sie allen Ernstes darüber gejammert hat, dass die Menschen zu viele Kinder bekämen, was umweltschädlich wäre. Das würde wieder einmal das Vernichtungslager rechtfertigen. Darüber hinaus habe ich auf dem Regierungspropaganda-sender "Phönix" in einer Sendung, in der es um Bücher geht, ein Interview mit einem deutschen Professor, dessen Hauptanliegen Umweltschutz ist, gesehen, der die chinesische Einkindpolitik positiv erwähnte, woraufhin der Moderator meinte, dass dies ökologisch betrachtet sinnvoll sei. Intellektuelle und Politiker versuchen uns also Schritt für Schritt auf einen solchen ökokommunistischen Staat vorzubereiten und es gibt kaum welche, die diesen Müll kritisieren.

Jetzt dient diese real existierenden Einkindfamilie als Rechtfertigung der Masseneinwanderung. Danach wird man von Überbevölkerung reden und Menschen töten. Schon hat man das Problem Muslim unter Kontrolle, alles im Namen der Weltrettung.

Der Punkt ist jedoch die Tatsache, dass Linke weitaus gefährlicher sind, weil sie im Gegensatz zu Rechten und insbesondere den ganz Rechten, ihren Hass auf den Islam und Muslime verbergen und sich darüber hinaus sogar noch als Freunde, Partner und Bundesgenossen bzw. Beschützer gegen diese Rechten aufspielen. Auch hier die selbe Verlogenheit, die sie im Falle der Juden an den Tag legen.

Warum dies außergewöhnlich gefährlich ist? Weil dadurch insbesondere junge, naive, gutmütige und mitunter in ihrem Glauben noch nicht gefestigte Muslime von dieser Umklammerung bzw. Umarmung der Linken verständlicher-weise völlig begeistert, ja sogar gerührt sind, und sich entweder aus völlig verständlicher Dankbarkeit dazu kompromittieren lassen, unislamische linke Ideen zu übernehmen auch um ihre linken Beschützer nicht vor den Kopf zu stoßen oder sich aufgrund von Sympathie aufgrund dieses Engagements quasi freiwillig dazu verführen lassen zu ihrer Ideologie zu konvertieren oder zumindest einige ihrer Ideen übernehmen.

Es gibt bspw. Muslime, die die Linkspartei wählen aufgrund ihrer Ablehnung des "westlichen Imperialismus", die jedoch nicht wissen, dass Linke den US-Imperialismus nur deswegen bekämpfen, weil sie ihre weltkommunistische Form des Imperialismus stattdessen bevorzugen. Wir alle wissen, wie es Muslimen vor allem unter den Sowjets ging. Andere Moslems wählen Grüne und SPD, aufgrund ihrer dem äußeren Anschein nach außergewöhnlich liberaleren Einwanderungspolitik. Aber das Zulassen der Einwanderung von Muslimen geschieht nur mit dem Ziel die Muslime in die westliche Dekadenz zu assimilieren und diese wenn möglich zurück zu exportieren in die islamische Welt über die muslimische Minderheit im Westen, um damit die islamische Welt zu infizieren.

Die Folge ist manchmal, dass betreffende Muslime bspw. mit der Planwirtschaft ala "sozialer Gerechtigkeit" zu sympathisieren beginnen oder Che Guevara-Fans werden. Vor allem aber: Wie kann man als Moslem Parteien wählen, die die Homo-Ehe, Abtreibung usw. unterstützen und darüber hinaus versuchen noch mehr Rechte in Bezug

darauf einzuführen, also die Gesellschaft, in der ihre Kinder aufwachsen sollen, noch weiter zu zerstören
Insbesondere die muslimische Frau ist, nach den Kindern, Ziel dieser Rekrutierungsbestrebungen, weil sie wissen, dass sie der Schlüssel zur Zerstörung der muslimischen Familie ist und - ich weiß, dass auch viele Muslime mich für diese Aussage kritisieren werden - weil muslimische Frauen, insbesondere junge muslimische Mädchen, einen durch ihre Emotionalität eingeschränkten Verstand haben und naiv sind und deswegen leichter beeinflussbar sind. Die Linke ist auch gefährlicher, weil sie ihren Hass auf Muslime hinter einem stets offenfreudlichem Lächeln verbergen und vor allem ihre satanische Menschenverachtung hinter einer wohlwollend und gütig-klingenden Rhetorik verbergen. Sie reden von "sozialer Gerechtigkeit", wenn sie in Wahrheit Umverteilung, Enteignung und Eigentumslosigkeit und somit faktische Versklavung reden. Sie reden von "Gleichberechtigung" oder "Geschlechtergerechtigkeit", wenn sie die Vernichtung des Mannes und der Familie meinen. Sie reden von "Umweltschutz", wenn sie unter diesem Vorwand die Einführung eines totalitären, marxistischen Staates, indem der private Verbrauch von Strom, Wasser und Benzin reglementiert, die Industrie abgeschafft wird und man Sanktionen einführen will, wenn Leute sich nicht an die Bestimmungen halten und halt so viel Fleisch essen oder Strom verbrauchen wie sie wollen. (Oder wie will man Leute davon abhalten zur Abwendung des Unterganges der Welt weniger Energie zu verbrauchen?) Sie reden von "Selbstbestimmung" wenn sie insbesondere natürlich im Hinblick auf die Frau sexuelle Freizügigkeit und Abtreibung meinen. Sie reden von "Toleranz", wenn sie die Akzeptanz von bspw. Homosexualität erzwingen möchten.

Es gilt sich dafür ausführlicher, mit der Ideologie der Frankfurter Schule zu beschäftigen. Der westliche (gesellschaftspolitische) Liberalismus fußt auf genau diesem ideologischen Fundament, welches dafür gesorgt hat, dass die westlichen Völker demografisch, aufgrund praktisch nicht vorhandener Geburtenraten, wiederum aufgrund von vor allem Feminismus und sexueller Freizügigkeit ("freie Liebe") kurz vor der Selbstvernichtung stehen.

Würden linke Ideen in der Umma im Westen ernsthaft Fuß fassen, so wäre dies auch muslimisches Schicksal. Darum redet man immer davon die Bildung einer islamischen Partei zu verhindern und diese in bestehende zu integrieren.[17]

Die Leute, die nicht nur über das Kurzzeitgedächtnis verfügen, werden sich daran erinnern, dass vor Jahren eben selbe Bertelsmann Medien eine Kampagne gegen die Sekte Scientology losbrachen. Das soll jetzt nicht heißen, dass die Sekte harmlos sei. Aber es war dennoch ein Experiment am Volk, um zu sehen Hass gegen eine Religion zu produzieren, die als Fremdkörper in der Gesellschaft gilt. Es ist auch nie wirklich die Absicht gehegt worden etwas gegen diese Außerirdischensekte zu

---

17 Hier als Beispiel: Berliner Zahnarzt und Muslimazubi nicht wegen Kopf-tuch ablehnen: http://www.morgenpost.de/berlin-aktuell/article110002141/Berliner-Zahnarzt-darf-Azubi-nicht-wegen-Kopftuchs-ablehnen.html / Dieses Urteil beruht auf dem sogenannten "Antidiskriminierungsgesetz". Mit Pochen auf diesem Gesetz, wie es ja diese Dame unbewusst und indirekt getan hat, beißen Muslime sich ins eigene Fleisch, denn dieses Gesetz beinhaltet bspw. auch, dass niemand aufgrund seiner "sexuellen Orientierung" diskriminiert werden darf. Somit werden auch Muslime gezwungen Homosexuelle einzustellen. Mit Einfüh-rung dieses Gesetzes hat man grundsätzlich Muslime ebenfalls automatisch für die Unterstützung von Sündern und Sünde, wie sie vom Islam charak-terisiert werde gemacht: Homosexuelle, emanzipierte Frauen... Im Übrigen hat diese junge Dame ein 3 Monate altes Kind. Also was bitte schön will sie mit einer Ausbildung? Sie hat gefälligst ihrer islamischen Pflicht als Mutter nach zu gehen und zu Hause zu bleiben bis das Kind alt genug ist!

machen, sondern, es war einfach mal der Probelauf für das Projekt: Deutscher Dschihad.

Dann wurde es verstärkt, mit der Kampfhundehysterie, von selbigen Bertelsmann Medien. Heißt also die Bertelsmann Stiftung, die die Masseneinwanderung fördert.

Hunderassen, die aber mitunter seit 150 Jahren in Deutschland existierten, wurden als notorisch aggressiv und brutal erkannt. Selbst wenn Statistiken dagegen sprachen, so schafften es die Bertelsmann Medien durch platzierte grausame Berichte, die Massen gegen die Hunde zu mobilisieren. Damals war mir sehr schnell klar, dass es sich um ein Experiment handelt zur Kontrolle der Massen. Das dumpfe Gefühl sagte mir, dass die Machtclique wohl den Islam benutzen wird. Die deutsche Machtclique hat seit der Kaiserzeit immer den Islam dafür benutzt, deshalb war es nicht sonderlich schwer darauf zu kommen. Und natürlich ging dann auch die Masseneinwanderung los. Selbe Bertelsmann Medien förderten das, sowohl das Pro, als auch das Kontra. Aktionen wie sie zu Silvester in Köln und ganz Europa stattfanden, sind natürlich organisiert und das nicht von den Muslimen, sondern von einer Machtclique, die auch die Linken kontrolliert.

Die Medien verfahren exakt wie damals bei den Kampfhunden. Sie benutzen die Muslime als Katalysator zu einem allgemeinen Aufbegehren, in dessen Rahmen der Bürgerstaat BRD abgeschafft werden soll und durch eine Diktatur ersetzt. Nicht von ungefähr, werden die Muslime gerade von ihren Beschützern als *„Neue Juden"* bezeichnet. Das ist gar keine Verteidigung, das ist eine Drohung!

IX. Linke Apokalypse und ihre Anzeichen

Der Kommunismus, Sozialismus (ob nationaler oder internationaler) wurden früher schon vielfach als Ersatzreligionen bezeichnet. Dies birgt ein beträchtliches explosives Material im Bezug auf religiöse Fanatiker, dem ich mich hier widmen möchte. Die gesamte Bagage von Linksextremisten, lässt sich dann nämlich sehr gut mit IS-Terroristen vergleichen.

Beim nationalen Sozialismus ist dies in Deutschland sehr gut erkennbar, denn Adolf Hitler setzte mit den Christen den Feind des Nationalen Sozialisten noch vor den Juden. Karl Marx lehrt ja, dass der Feind das christlich-jüdische Weltbild ist. Der Haupt-Feind ist damit ganz klar definiert und entspricht auch denen der IS. Freilich duldet Karl Marx keine Götter neben sich und so muss anschließend auch der Muslim dran glauben.
Allerdings, dachte der nationale Sozialist rassisch (statt die ökonomische Klassifizierung des Internationalsozialisten), deshalb war der deutsche Christ ein biologisches Material, das aus Gründen der Zucht erhalten werden sollte. Der Jude jedoch galt für die Schaffung des *„Neuen Menschen"* (*kommender Mensch* bei Goebbels), jedoch als unerwünscht und wurde vernichtet. Hitler versuchte dazu eine Ersatzreligion aus Budhismus und Islam zu schaffen. Putin tat es ihm nach in Russland, aber aus orthodoxen russischen Christentum und Islam. Euroislam ist nichts anderes, als die Übernahme dessen.
Ob New Age, Kommunisten oder Sozialisten, alle reden ebenfalls von der Schaffung des *„Neuen Menschen"*, wollen aber seltsamerweise nichts mit den nationalen Sozialisten zu tun haben. Dennoch führte diese Idee auch im Bereich des Kommunismus zu Konzentrationslagern. Das KZ ist einfach eine logische Konsequenz einer gottlosen und

inhumanen Idee, die den Menschen als Material sieht. An die Gesetze einer übergeordneten Macht, die Strafe nicht ablehnt wird nicht geglaubt und führt zur emotionalen Reduktion und Erbarmungslosigkeit. Heidegger sah ja in der Übertretung der Gebote des Gottes Abrahams, das begehen der Sünde, explizit den Schlüsselprozess zur Kreation des Neuen Menschen des Sozialismus. Es kann nichts anders sein, dass der Neue Mensch zum Monster wird. Der Prototyp dieses Neuen Menschen ist jedoch der Gutmensch.

Hitler versuchte eine neue Religion zu schaffen und gegen das Christentum zu vertauschen, dabei bediente er sich nicht bei den Germanen, da diese reine Naturreligion von Bauern, ihm keine Führer-Ideologie lieferte, sondern beim Islam und Buddhismus.

Der internationale Sozialist und Kommunist hingegen spricht vom Materialismus und tarnt es als aufgeklärtes und wissenschaftliches Denken.

In erster Linie ist der Sozialismus/Kommunismus zwar ein Wirtschaftssystem, doch durch den Drang zum Totalitarismus benötigt es, wie Hitler zeigte, eine unterstützende Ideologie, denn *„der Mensch lebt nicht vom Brot allein"*.

Wir bemerken in der Geschichte, dass diese Ideologien in Wahnvorstellungen ausartet, der Extremist deutet zwar durch seine Gewaltbereitschaft Stärke an, ist aber das Produkt von Instabilität, daher allerdings unberechenbar. Meist sollen unlösbare innere Probleme auf ein generiertes Feindbild (USA/Israel) gelenkt werden, um den Zerfall der eigenen Macht abzuwenden, durch Denken und aufbegehren der Massen. Für Hitler waren es die Juden, für die Islamisten sind es die *Kufar* (was auch Juden beinhaltet), die russischen Kommunisten hatten (haben) auch Juden. Alles steht und fällt mit den Juden. Das Erkennen dieser Grundlage im Feindschema, gibt uns

Demokraten jedoch die Chance ein klares Feindbild zu entwerfen: der Antidemokrat.

Alle diese Hetzjagden drückten sich in Plebisziten Bewegungen aus, was das ständige Feindbild des Juden erklärt, der als reaktionäres Element angesehen wurde.[18] Dies scheint nicht auf die christliche Kirche zu zutreffen, da diese selbst reaktionär handelte. Dennoch, denn der Trugschluss ist, das man annimmt der Hexenwahn entstamme dem Mittelalter, in dem die katholische Kirche sehr dominant war. Doch auch wenn im Mittelalter gelegentlich Hexen verbrannt wurden, setze der Wahn erst zur Zeit der Aufklärung ein, als die evangelischen Sekten die Macht der Kirche infrage stellten und sich zu völkischen Bewegungen entwickelten, die im Konflikt zum reaktionären Papsttum stand. Es muss da irgendwie einen Zusammenhang geben zwischen Evangelischen Christentum und Plebeziten Wahnvorstellungen. Die als Aufklärung getarnt werden. Doch mir fällt auf, wie sehr die Evangelische Kirche in der DDR die Diktatur unterstützte und nun die Gutmenschen. Nicht das alle Evangelischen Christen darin gleich handeln würden, ebenso finden wir diesen Gutmenschen-Nazi in der Katholischen Kirche. Es sind eher Tendenzen, die man bei einigen Gruppen häufiger antrifft, als bei anderen.

Eine ähnliche Wahnvorstellung sehen wir bei der deutschen Linken, die im Fanatismus überall Nazis sieht und eine kriminelle Schlägertruppe organisiert, die vielmehr den Faschisten gleicht, die sie angeblich bekämpfen wollen. Tatsächlich gehen sie gegen ihre Kritiker vor, die ihr falsches Spiel durchschauen. Der berühmte Wolf im Schafspelz eben.

---

18 Michael Kleemann: Antisemitismus politisch korrekt – 1. Teil Wenn der Sozi vom Zionisten spricht, Juni 2015, Seite 18. ISBN-10: 1514331519 ISBN-13: 978-1514331514

Auf der anderen Seite kommt es, wie in einer Religion, zu idealisierten Vorbildern die man in der Kirche dann Gottessohn und Heilige nennt. Der Kommunist hat genauso sein Marx, Engels, Lenin, Stalin, Che Gevarra... Die er fanatisch gegen jeden Makel verteidigt, wie der Muslim seinen Mohammed, und alle Schandtaten ausblendet. Marx und Engels teilten die Idee von Morden und Euthanasie, wohingegen andere diese Praktizierten. Lenin, Stalin, Che, Pol Pott oder Mao Zetung waren praktizierende Massenmörder.

Wohingegen der so gern zitierte Kommunist Bernard Shaw noch vor den Nazis, ein System zur industriell organisierten Vergasung entwickelte, um das Morden Stalins effektiver zu machen.

Der Linke und die Plebisziten Bewegungen haben einen natürlichen Hang zum folgen von Psychopathen. Allerdings rational und aufgeklärt ist dabei gar nichts, sondern sie handeln im volkskundlichen ironischen Trugschluss:
Einbildung ist auch eine Bildung!

Wir finden Heilige Schriften, die die Bibel ersetzen sollen: Kommunistisches Manifest, Das Kapital, Lenins Werke etc.
Eine Priesterklasse: Politbüro.
Die Inquisition finden wir als KGB, Stasi, Securitate...
Ebenso einen Endzeitglaube, statt Apokalypse erwartet der Kommunist dann die Weltrevolution.
Und es gibt das Versprechen eines besseren Lebens in der Zukunft, nämlich als Neuer Mensch im wahren Kommunismus, nach der Apokalypse/Weltrevolution.
Es hat alle Klassiker einer Religion, nur eben eine Satanische.
Der Kommunist sah sich bereits des öfteren dem Vorwurf eine antichristlichen Ersatzreligion ausgesetzt, eben als Satanismus charakterisiert. Mit der Begründung, das der wahre Satanismus auch nicht darauf beruht Satan anzubeten, sondern Satan versuchte Gott zu demonstrieren

das der Mensch etwas unwürdiges ist, das von Gott abfällt. Und genau dieses Bild ist bei 1 Samuel beschrieben. Ganz zu Schweigen von den falschen Propheten, die sich in die Tempel setzen und für Gott ausgeben (sagen Gottes Wort zu verkünden). Da werden sich also noch einige Pfaffen, gewiss auch in Rom, noch ein warmes Plätzen aussuchen dürfen.

Davon peinlich berührt, denn der Kommunist hat Gott eben nicht so sehr überwunden, wie er meint, versuchte er auch den Kapitalismus als Ersatzreligion zu sehen und den Vergleich damit Beliebig zu machen. Nach dem Motto: Es gibt im Kapitalismus auch Heilige (Adam Smith, Hermann Heinrich Gossen, Milton Friedman, Alfred Rappaport,...), Führer(Sämtliche erfolgreiche Kapitalisten) unantastbare Schriften (Creating Shareholder Value; An Inquiry into the Nature and Causes of the Wealth of Nations; Allgemeine Theorie der Beschäftigung, des Zinses und des Geldes;...), eine Priesterkaste(BWL/VWL Lehrer/Professoren).
Doch das stimmt eben nicht. Genauso wie der Kommunismus ist der Kapitalismus ein Wirtschaftssystem. Nur wenn der Kommunismus an Totalitarismus gewinnt, wird er radikalisiert und ist wie im religiösen Wahn. Das merke ich in jedem Gespräch mit überzeugten Kommunisten oder die Negierung der kommunistischen Massenmorde: *„Das hat nichts mit dem Kommunismus zu tun."* oder: *„Austreibung der Kulaken!"* Hat denn die Inquisition mit dem Christentum zu tun? Denn es heißt doch: *„Wer von euch ohne Schuld ist, der werfe den ersten Stein."*
Hier haben wir eine von vielen klaren Aussagen des Religionsgründers, gegen Wahn und Gewalt. Wohingegen sich viele kommunistische „Heilige", in satanischer Manier, dafür aussprachen. Die Inquisition waren Christen? Waren die Morde in der Ukraine etwa keine Kommunisten? Der

Kommunist verweigert sich der Selbsterkenntnis seiner Fehler wie ein kleines Kind, weil er radikalisiert und unreif ist. Will aber andere zu ihrer Selbsterkenntnis verhelfen. Wie soll das gehen?

Der Kapitalismus kennt diese religiöse Radikalisierung nicht, die angeblichen Heiligen sind hier nicht unantastbar, er schreibt keine Dogmen vor und in seiner reinsten Form gleicht er eher dem Anarchismus, statt Totalitarismus. Vor dieser Anarchie, suchte die soziale Marktwirtschaft das Volk zu schützen, die Linken in Deutschland zerstörten genau diesen Schutzmechanismus. Sie schaffen also das Böse und Unheil.

Genauso wie in Nazideutschland wurden Christen in anderen sozialistischen Systemen gehänselt und sanktioniert. Kommunistische Staaten gingen aber noch weiter: Berufsverbot und Verfolgung, alles mit dem Ziel das Christentum zu vernichten.

Außerordentlich bedenklich ist die kommunistische Apokalypse der Weltenrevolution, die derzeit in Vorbereitung ist. Schon in der *Internationale* singt der internationale Sozialist: *„Völker hört die Signale, auf zum letzten Gefecht..."*, wohingegen die Apokalypse durch Posaunen angekündigt wird, und die Welt in der Schlacht von Armageddon ein Ende findet.

Der Sozialist, im Gegensatz zum Sozialdemokrat, vollbringt keine Evolution zur Zivilisation. Er devolutioniert eher zum Barbaren, einem verrohten Wilden. Und je Linksextremer, desto verdummter Tierhafter wird es. Was sehr interessant ist, da wir hier bereits Rudolf Steiner ansprachen. Der hielt der Theorie Darwins nämlich entgegenhielt, dass der Menschenaffe und seine Verwandtschaft zu uns auch darin bestehen kann, ein degenerierter Mensch zu sein. Wenn man sich da nun etwa mal die Antifa ansieht, öffnet sich da freilich ein weiter Interpretationsspielraum. Zumindest, dass diese den aufrechten Gang lernten, weil sie irgendwann vom Baum fielen und sich nach den Ästen reckten, ist sehr gut möglich.

Die Vorstellungen der Linken Apokalypse geht direkt zurück auf Karl Marx und Friedrich Engels:
> *„Kampf, 'unerbittlicher Kampf auf Leben und Tod' mit dem revolutionsverräterischen Slawentum; Vernichtungskampf und rücksichtslosen Terrorismus – nicht im Interesse Deutschlands, sondern im Interesse der Revolution!"*[19]

Die große slawische Macht ist natürlich Russland und gegenwärtig stehen wir an Abgrund eines solches Krieges. Aber das ist so gewollt!

Auch Hitler folgte diesen linken Vorreitern, was zum Krieg gegen die Sowjetunion führte, obwohl Stalin und Hitler verbündete waren. Die hier eingeleitete Apokalypse ging nicht wie geplant aus. Der linke Radikale geht da ganz freimütig von der, aus dem Judentum stammende Ansicht aus, das Prophezeiungen, im Kommunismus Vision oder Theorie genannt, herbeigeführt werden können, durch die eigene Anhängerschaft nämlich. Dazu kann auch ein Traum vom Endkampf (Nationalsozialismus) zählen, oder die Weltrevolution (internationaler Sozialismus). Oder wenn es dem Volk gut geht, dann muss der Zustand zum Schlechten geändert werden. Hauptsache Marx hat Recht und es gibt ein möglichst blutiges Völkerschlachten. Denn erst nach dieser Apokalypse kann so mancher Sozialist den Kommunismus realisiert sehen. Das sind all jene die sagen: Die Toten des Kommunismus haben nichts mit dem Kommunismus zu tun. Ober als Che verkleidet zum Fasching gehen.

Marx ist nie pingelig und zeigt, wie nahe seine

---

19 Friedrich Engels, 1849, MEW 6, 286

Vorstellungswelt, der des Nationalsozialismus ist:

„Der jüdische Nigger Lassalle, der glücklicherweise Ende dieser Woche abreist, hat glücklich wieder 5000 Taler in einer falschen Spekulation verloren... Es ist mir jetzt völlig klar, dass er, wie auch seine Kopfbildung und sein Haarwuchs beweist, von den Negern abstammt, die sich dem Zug des Moses aus Ägypten anschlossen (wenn nicht seine Mutter oder Großmutter von väterlicher Seite sich mit einem Nigger kreuzten). Nun, diese Verbindung von Judentum und Germanentum mit der negerhaften Grundsubstanz müssen ein sonderbares Produkt hervorbringen. Die Zudringlichkeit des Burschen ist auch niggerhaft."[20]

Der Judenmord ist etwas absolut notwendiges und erklärt warum auch die Sozialisten und Kommunisten dem Nationalsozialismus nicht nachstanden, obwohl man ja mit denen nichts zu tun hat angeblich. Der Jude gilt nämlich als ein Rechter, erzkonservativ und unbelehrbar. Deshalb muss er zum Wohle des Neuen Menschen ausgelöscht werden. Marx zeigt hier auch, dass Jude und Zionist das selbe ist. Genauso wie unsere heutige Linke, als Wolf im Schafspelz, vom Antizionismus spricht, aber darunter Antisemitismus verbirgt.

Der Anhänger dieser Endzeitstrategie kommt als Wolf im Schafspelz herbei, doch wenn er den richtigen Moment zum zuschlagen findet, nimmt er seine Maske ab:

„Wir haben es von Anfang an für überflüssig gehalten, unsere Ansicht zu verheimlichen ... Wir sind rücksichtslos, wir verlangen keine Rücksicht von euch. Wenn die Reihe an uns kommt, wir werden den Terrorismus nicht

---

20 Marx an Engels, 1862 (MEW 30, 257)

beschönigen."[21]

Dies wiederum sehen wir gegenwärtig im Verhalten der deutschen Linken und ihrem scheinbaren Liebesspiel mit einer orientalischen Religion, die elimentär ihren eigenen angeblichen Werten widerspricht. Doch das was nach Gehorsam aussieht ist ein politisches Kalkül, eine Taktik um den Islam im Eigeninteresse zu nutzen.

Die Golfstaaten nehmen keine muslimischen Flüchtlinge auf, da sie Destabilisierung befürchten. Genauso sehen es die Anhänger der Linken Endzeit, doch mit der Massenaufnahme aggressiver und hirnreduzierter Fanatikern, erhalten sie das erstarken ihrer Endzeit Vision, als Tötungspersonal, die sie auch in der Antifa schufen. Und das sich IS-Terroristen eben doch unter den Asylanten befinden, ist nicht mehr leugbar. Nur das Problem ist, dass die deutsche Linke genau das möchte. Es ist gerade zu auffällig, dass Terroranschläge in ganz Europa geschehen, aber Belgien und Deutschland wenig beeinträchtigt sind. Obwohl sich anschließend herausstellt, dass die Attentäter als Asylanten in Belgien oder Deutschland lebten. Die deutsche Linke paktiert offenbar mit dem IS. Es folgt das Destabilisieren des verhassten Regime, um die Endzeit einzuläuten durch den Mord an Juden und Christen. Aus dem Chaos heraus kann das ersehnte Ziel, der Kommunismus erstehen: *„Kommunismus muss auch unser langfristiges Ziel"* sein, Gesine Lötzsch. Langfristig ist nun aber reine Ansichtssache und gewiss gibt es Fanatiker die nicht lange warten wollen, denn das ist etwas sehr typisches bei Fanatikern. Und die deutsche Linke ist voll von denen. Wegen einer Israelfahne nannten mich Linke einen „Rechtsradikalen" und abseits der Medien nimmt der Wolf so den Schafspelz ab. Mann sehe sich etwa Jutta Dittfurth an, die ist so extrem nach Links weggetreten, so dass sie schon wieder Rechts raus kommt. Die lebt bereits

---

21 Karl Marx, 1849 (MEW 6, 504)

in einem Paralleluniversum.

Und um das „langfristige" Ziel in ein „kurzfristiges" umzugestalten gibt Marx selbst den Weg vor:

> *„Es gibt nur ein Mittel, die mörderischen Todeswehen der alten Gesellschaft, die blutigen Geburtswehen der neuen Gesellschaft abzukürzen, zu vereinfachen, zu konzentrieren, nur ein Mittel – den revolutionären Terrorismus!"*[22]

Würde sich diese neue Gesellschaft von den Zielen Hitlers unterscheiden? So wie die Deutsche Linke meint, der Nationalsozialismus ist das Gegenteil?

> *„Man solle damit in einer sozialistischen Revolution beginnen, die primitiven Völkerabfälle wie etwa Basken, Bretonen, schottische Highlander, zu liquidieren."*[23]

Marx glaubte, diese Völker seinen zu primitiv. Sie hätten den Anschluss verpasst zur notwendigen Entwicklung, da sie noch nicht einmal im Kapitalismus angekommen sind. Wie soll da denn die Zukunft muslimischer Drittweltler aussehen hier, die in ihrem Heimatländer im Feudalismus leben?

Das Gegenteil von Hass ist nicht anderer Hass, wie es der linke Fanatiker uns weiß machen will. Das Gegenteil von Hass ist Liebe. Wie hieß es bei den gutmenschlichen Die Ärzte? „Gewalt erzeugt Gegengewalt, hat man dir das nicht erklärt?" Ich schlage vor das die deutsche Linke sich die Ratschläge ihrer eigenen Troubadoure, Barden und Hofnarren zu Herze nimmt.

Denn das Gegenteil von Linksradikal ist auch nicht Rechtsradikal, sondern Freiheit und Demokratie.

> *„Wir sind Sozialisten, wir sind Feinde der*

---

22 Karl Marx (MEW a.a.O. 5, 457)
23 Karl Marx, 1848 in der Rheinischen Zeitung

*heutigen kapitalistischen Wirtschaftsordnung für
die Ausbeutung der wirtschaftlich Schwachen,
mit ihren unlauteren Gehältern, mit ihrer
Auswertung eines Menschen nach Reichtum
und Besitz, anstatt Verantwortung und Leistung,
und wir alle sind entschlossen, dieses System
unter allen Bedingungen zu zerstören."*[24] – Adolf
Hitler.

Hätten Sie bemerkt das dies nicht von Karl Marx stammt?
Was geschieht mit jenen, die sich nicht in den Neuen
Menschen integrieren lassen?

*„Die Klassen und Rassen, die zu schwach sind,
die neuen Lebenskonditionen zu meistern,
müssen den Weg frei machen. Sie müssen in
einem revolutionären Weltensturm untergehen."*
– Karl Marx[25]

Hitler erscheint da nicht mehr als Rechtsradikaler, sondern
Linksradikaler im Sinne von Marx.

Gregor Gysi sagte: *„Es ist nur, der Linke denkt an etwas
sehr edles, wenn er vom Kommunismus spricht."* Wie sieht
diese Ritterlichkeit aus?

*„Die Gewalt ist der Geburtshelfer jeder alten
Gesellschaft, die mit einer neuen schwanger
geht."* – Karl Marx[26]

Und nach dieser Apokalypse kommt dann die Neue und
Bessere Welt, die Die Linke anstrebt?

*„Jeder provisorische Staatszustand nach einer
Revolution erfordert eine Diktatur, und zwar
eine energische Diktatur."* – Marx an Engels[27]
*„Massenerschießungen sind ein legitimes Mittel
der Revolution."* – V. I. Lenin

Ich verstehe darunter Massenmord. Also was Stalin und

---

24 Rede zum 1 Mai 1927. Zitiert von Toland, 1976, p. 306
25 1848 in der Rheinischen Zeitung
26 1867 (Das Kapital. Band 1. Siebenter Abschnitt: Der
    Akkumulationsprozess des Kapitals. MEW 23, S. 779)
27 Marx an Engels (MEW 5, 402)

Mao Tse Tung oder Pol Pott taten, die haben den Marx genauso verstanden. Wieso haben die Morde des Kommunismus also nichts mit Kommunismus zu tun?

Was der Nationalsozialismus den Juden antat, wäre im Kommunismus nicht möglich?
> *„Wir erkennen also im Judentum ein allgemeines, gegenwärtiges, antisoziales Element."* – Marx an Engels[28]

Der Kommunismus ist keineswegs die Heilslehre für Arme, er ist eine Heilslehre für einen Neuen Menschen:
> *„Krieg bis in den Tod gegen die Reichen und deren Anhänger, die intellektuelle Bourgeoisie... `Der, der nicht arbeitet, soll auch nicht essen`- das ist das zweckmäßige Gebot des Sozialismus... Unser gemeinsames Ziel ist es, Russland von all dem Gift, von Flöhen – den Schurken, den Insekten – zu säubern – die Reichen usw. usf."[29]*

Lenin hat nie in seinem Leben gearbeitet, genauso wie der dominierende Teil der linken Intellektuellen.
> *„Der Hammer wird wieder zum Symbol des deutschen Arbeiters und die Sichel zum Zeichen des deutschen Bauern werden."* – Adolf Hitler[30]

> *„Der Idee der NSDAP entsprechend sind wir die*

---

28 Marx an Engels (MEW 1, 372)
29 "War to the death against the rich and their hangers-on, the bourgeois intellectuals... 'He who does not work, neither shall he eat' – this is the practical commandment of socialism... [Our] common aim [is] to clean the land of Russia of all vermin, of fleas – the rogues, of bugs – the rich, and so on and so forth." – V. I. Lenin (How to Organise Competition?, Collected Works, Vol. 26, pp. 411, 414)
30 Rede zum 1. Mai 1934

deutsche Linke (…) Nichts ist uns verhasster als der rechtsstehende, nationale Besitzbürgerblock." – Joseph Goebbels[31]

„Sozialist sein: Das heißt, das Ich dem Du unterordnen, die Persönlichkeit der Gesamtheit zum Opfer bringen. Sozialismus ist im tiefsten Sinne Dienst. Verzicht für den Einzelnen und Forderung für das Ganze." – Joseph Goebbels

„Meine gefühlsmäßigen politischen Empfindungen lagen links." – Adolf Eichmann, Organisator der Massenmorde an den Juden, in seinen Memoiren.

„Wir werden nur eine Million Afghanen am Leben lassen – das genügt, um den Sozialismus zu errichten." – Sayyed Abdullah, afghanisch-kommunistischer Gulag-Verwalter.[32]

Es ist immer das selbe, jeder der den Sozialismus und Kommunismus will, tut das gleiche. Bedenklich ist mir dann, wenn Die Linke sagt, das sie darauf zu steuern.

„Im neuen Kambodscha brauchen wir nur eine Million, um die Revolution fortzuführen. Den Rest brauchen wir nicht. Wir ziehen es vor, zehn Freunde zu töten als auch nur einen Feind am Leben zu lassen." – Rote Khymer Slogan[33], Baden Würtemberg hat gegenwärtig einen Grünen Ministerpräsidenten, der die Diktatur der Roten Khymer unterstützte und für Deutschland wollte.
„Wir machen das, was Lenin tat. Man kann den

---

31 1931 („Der Angriff", eine Gauzeitung der Berliner NSDAP)

32 Sylvain Boulouque, Communism in Afghanistan, In: Stephane Courtois et al., The Black Book of Communism [Harvard University Press, 1999], p. 713

33 Pin Yathay, Stay Alive, My Son [Touchstone, 1987], p. 148

Sozialismus nicht ohne roten Terror errichten." Asrat Destu, äthiopischer politischer Armeekommissar.[34]

„Absolute Macht ist, wenn ein Mensch verhungert und du der Einzige bist, der in der Lage ist, ihm Essen zu geben." – Robert Mugabe, Sozialistischer Diktator von Simbabwe.[35]

„Tote haben Vorteile. Sie können den Boden düngen." – Mao ZeTung[36]

Kommunismus meint Wohlstand für alle? Keineswegs, es ist absolute Ausbeutung.

„Menschen behaupten, Armut sei schlecht, aber in Wahrheit ist Armut gut. Je ärmer die Menschen sind, umso revolutionärer sind sie. Es ist fürchterlich, sich eine Zeit vorzustellen, in der jeder reich sein wird... Von einem Überfluss an Kalorien werden die Menschen zwei Köpfe und vier Beine bekommen." – Mao Zedong[37]

Wer denkt da nicht sofort an das geflügelte Wort, dass der Sozialismus die gleichmäßige Verteilung der Armut sei. Seit 2001 hat diesen Land nicht nur einen Linksruck erlebt, sondern damit einhergehend auch eine Zunahme der Massenarmut. Schlimmer wurde es in Thüringen seit Die Linke die Regierung ergriff.

Kommunismus ist edel, sagt Gysi:

„Man sollte weniger Gewissensbisse haben. Einige unserer Genossen zeigen zu viel Gnade

---

34 Christopher Andrew and Vasili Mitrokhin, The Mitrokhin Archive II: The KGB and the World [Penguin, 2006], pp. 467-8

35 "Absolute power is when a man is starving and you are the only one able to give him food.") – Robert Mugabe The Times, UK, July 9, 2004

36 Jung Chang and Jon Halliday,Mao: The Unknown Story [Jonathan Cape, 2005], p. 457

37 Jung Chang and Jon Halliday, Mao: The Unknown Story [Jonathan Cape, 2005], p. 428

und nicht genügend Brutalität, was bedeutet, dass sie nicht marxistisch genug sind. Aus diesem Grund haben wir tatsächlich kein Gewissen! Marxismus ist brutal!" – Mao ZeTung[38]

„Die Waffe des Rebellen ist der Beweis seiner Menschlichkeit. Daher muss man in den ersten Tagen der Revolte töten: Einen Europäer niederzuschießen ist wie zwei Vögel mit einem Stein zu töten, einen Unterdrücker und den Menschen zu vernichten, den er gleichzeitig unterdrückt… wenn einst der letzte Ansiedler getötet ist, nach Hause verfrachtet oder angeglichen wurde, verschwindet die Brut einer Minderheit, um durch den Sozialismus ersetzt zu werden." – Jean-Paul Sartre, sein Vorbild war Heidegger.[39] Der Ansiedler ist im Moment, der Muslim. Wird die Rolle der Masseneinwanderung sehr deutlich. Er ist der Katalysator zur Revolution.

Es erübrigt sich im Grunde jedweder Kommentar hinsichtlich dieser nur kleinen Auswahl „warmherziger" und „friedliebender" und „edler" Zitate. Es geht ja nur um unser Wohl in einer besseren Welt. Und kommen mir da keiner mit dem Gegenargument eines vollzogenen Demokratisierungsprozesses, ich bin nämlich nicht letzte Nacht geboren, wie die geistig umnachteten Gutmenschen. Massenmörder resozialisieren sich nicht.

Haben nicht exakt alle Wege zum Sozialismus versucht, genau deshalb einen „neuen Menschen" zu kreieren? Um zu Morden nämlich? Und mussten dafür nicht stets diejenigen entsorgt werden, die daran kein Interesse hatten? Die traurige Wahrheit, die auf Seiten von

---

38 Jung Chang and Jon Halliday, Mao: The Unknown Story [Jonathan Cape, 2005], p. 411
39 Preface, Frantz Fanon, The Wretched of the Earth [Penguin, 1967], pp. 19-20

Sozialisten und Kommunisten stets ignoriert wird, besteht darin, dass ihre rücksichtslose Gesellschaftsklempner-Ideologie stets RICHTIG umgesetzt wurde und wird, denn die Lehren von Lenin, Marx, Shaw etc. lassen sich nur mit der *„Erschaffung eines neuen Menschen"* erfüllen (was zudem stets explizit Voraussetzung gewesen war, so lautete beispielsweise ein Werk von Massenmörder Ché Guevara: *„Der neue Mensch"*) und dazu gehörte der alte Mensch entweder auf brutale Weise „umerzogen" oder eben ausgerottet wird (wenngleich im Falle Guevaras bereits wegen seiner zentralistischen Wirtschafts- und Finanzpolitik Tausende ums Leben kamen).

Oder was – falls dem ja angeblich gar nicht so ist – musste und muss mit Menschen geschehen, die ihr moralisch sauber herleitbares Naturrecht in Anspruch nahmen und nehmen, nämlich schlicht und ergreifend in Ruhe gelassen werden zu wollen bzw. nicht beim wie auch immer gearteten Programm des „neuen Menschen" teilnehmen wollen? Das KZ ist ein unverzichtbares Medium in der Kreation des Neuen Menschen.

Es ist interessant bis haarsträubend, wie indoktrinierte Heerscharen von Sozialismus/Kommunismus-Befürwortern ein Abermillionen-Grab von Toten damit relativieren, dass angeblich *„eine Idee missbraucht"* wurde. Doch werden dadurch den IS-Kriegern immer ähnlicher, nur ohne Allah. Komischerweise ist die Idee ja nicht nur in einem Land *„missbraucht"* worden, sondern überall dort, und auf die selbe Weise, wo man den Kommunismus als Endziel hatte. Der Umstand, dass die Katastrophe dem Sozialismus/Kommunismus aufgrund dessen kollektivistischen Zwangsstrukturen immanent bzw. immer und immer und immer vorprogrammiert war, ist und sein wird, scheint bizarrer weise kaum zu interessieren. Dank der immensen Medienmanipulation.

Lieber wird in der Hoffnung, mittels der dauerhaften Initiierung von Gewalt, „hoheitlicher" Planung sowie Zwang

glückliche Menschen zu „schaffen", der einhundertzwölfzig-
ste Sozialismus-Versuch gewünscht (und auch gerade
umgesetzt!) anstatt der individuellen Freiheit in demokratischer Form einer beispielsweise offenen Gesellschaft
auch nur einen Gedanken zu schenken.
Egal, ob sie nun Hitler, Stalin, Mao, Pol Pot, Che Guevara,
Ceaușescu, Honecker usw. hießen: Durch die Bank sollen
sie alle die Lehren *missbraucht* haben? Gleichzeitig läuft
man mit Che-T-Shirt herum, oder klar verkleidet als dieser
zum Fasching. Und auf den Demonstrationen für den
Kommunismus, wehen die Banner von Mao, Lenin, oder
gar dem Vater alles Verbrechens Karl Marx. Anstelle diese
Geisteskranken zu ächten, wie es die Pflicht eines freien
und demokratischen Staates sein sollte. Und eben daraus
folgt, wir leben in einer sozialistischen Diktatur, die den
Weg zum Kommunismus ebnen soll und der Gutmensch
ist dessen Version, des Neuen Menschen, oder des
Menschenaffen wenn Sie so wollen.

Zudem wird allen Ernstes geglaubt, wenn nur einmal, der
„Richtige" (Erlöser-Mythos) käme (oder eine Gruppe von
„Richtigen"), so dann werde der Sozialismus und/oder
Kommunismus eine gute Sache? Der Messias etwa? Wäre
die Moral eine Person, so fände sie es beschämend, nach
dem bisherigen Erfahrungsschatz hinsichtlich sämtlicher
sozialistisch-kommunistischer Gesellschaftsklempnereien
immer noch zu glauben, Sozialismus und/oder Kommunismus seien, wenn sie denn nur „richtig umgesetzt" werden würden, eine Wohltat für die Menschen. Nichtsdestotrotz, muss dazu auf die Schlüsselfunktion des Juden
hingewiesen werden. Wenn demzufolge der Kommunismus
endlich „richtig umgesetzt" wird, dann gibt es dort keine
Juden mehr. Durch Umkehrschluß kommen wir also zu
einer Leitlinie des Kommunisten, das die Vernichtung der
Juden eine Wohltat für die Menschen ist, denn der
„Kommunist denkt an etwas sehr edles".

Gerade heute, höre ich im Deutschlandfunk, dass die Hamas *„eine fast antisemitische Ideologie"* habe. Das ist erstaunlich, die Hamas, Verbündeter der deutschen Linken, fordert in ihrer Charta nicht nur die Ausrottung aller Juden in Gaza, oder Israel, sondern Weltweit. Und was Gutmensch erkennt ist *„eine fast antisemitische Ideologie"*. Da könnte man als Gutmensch, einen Adolf Hitler ja fast mit Antisemitismus in Verbindung bringen, oder?
Sozialismus und/oder Kommunismus waren, sind und werden immer nationalsozialistische Ideologien verkörpern und somit dem individuellen Streben nach Freiheit und Glück entgegenstehen. Und ohne individuelle Freiheit gibt es auch keine gesellschaftliche Freiheit.
Sozialismus/Kommunismus und Freiheit stehen diametral zueinander.

X. Die linke Asyl-Mafia

"Mit der Ware Mensch lässt sich zurzeit mehr Kasse machen als mit Waffen und Drogen"
Bundespolizeipräsident Dieter Romann

Die deutsche Linke handelt mit ihrer Willkommens-kultur nicht halbwegs so selbstlos und humanistisch, wie sie gerne tut. Dahinter verbirgt sich ein knallhartes Geschäft. Was bisher immer hinter der Hand erzählt wurde, tritt nun im Falle Griechenlands offen zu Tage. Man bemüht sich nicht mehr um Geheimhaltung, sondern glaubt das Monopol auf die öffentliche Meinung zu haben. Alles könne im Eigeninteresse manipuliert werden. Dies geschieht durch professionelle Fotografen, Choreographen und Filmteams, die die Flüchtlinge in Szene setzen, um dann zu Hause das richtig zu präsentieren. Immer vorneweg die Öffentlich-Rechtlichen, kontrolliert durch die Bertelsmann Stiftung.

Zum einen dient die Willkommenskultur dazu soziale Unruhen zu provozieren und diese auszunutzen, um zur sozialistischen Revolution überzuleiten.
Durch die unkontrollierte Völkerwanderung werden allerdings auch hochgefährliche Kriminelle nach Europa eingeschmuggelt, zum Aufbau einer Revolutionsarmee. Schleusernetze für den Drogenhandel, um die Revolution zu finanzieren. Aber sie verdienen auch ganz direkt an den Flüchtlingen, die für das herbringen bezahlen müssen. Die Schlepper arbeiten Länderübergreifend, was nur ermöglicht wird, durch die örtlichen Strukturen der Linken Parteien. Insbesondere im Gut organisierten Netz griechischer Kommunisten nach Mitteleuropa, durch Die Grünen und Linkspartei. Die durch die Mobilisierung eines linken Mob, auch Druck und Drohungen ausübt auf Lokalpolitiker, damit

sie dem Treiben keinen Anhalt bieten. Die europäische Linke ist bereits der Meinung, dass die kommunistische Revolution begonnen hat. Wir sind im Krieg, nur die Medien wollen es so nicht nennen.

Gegenwärtig kann man das auf der Insel Kos sehr gut mit verfolgen. Es wimmelt dort geradezu von linken Aktivisten, die angeblich kommen um Notleidenden zu helfen. Tatsächlich gibt es unter ihnen zahlreiche Individuen, die Hand in Hand mit der Drogenmafia und Schlepperbanden handeln. Da gegenwärtig nur Syrer und Palästinenser im Schnellverfahren Chance auf Asyl haben, werden andere die nach Kos kommen, mit gefälschten Papieren ausgestattet. Das ist allerdings nicht gratis, sondern kostet 1500 Euro derzeit. Damit ist ihnen dann die Reise auf das griechische Festland möglich.

Mit der Fähre gelangt sie dann nach Athen, wo die Wirtschaftsflüchtlinge auf sich selbst gestellt sind. Die meisten kommen mit genug Bargeld. Aufgrund des blühenden Geschäftes steigen die Preise der Schlepper und liegen inzwischen bei etwa 8 000 Euro für die Überfahrt, pro Person. Entlang der Routen der Völkerwanderung, explodieren die Preise für einfach alles, Delikte wie Vergewaltigungen, Mord und Raub steigen astronomisch an.

Erste Anlaufstelle ist in Athen der Omonia Platz, der als das Mafiazentrum Griechenlands schlechthin zählt. Hier warten bereits weitere Aktivisten aus Deutschland, Österreich oder Schweden neben lokalen Glücksrittern mit Kleinbussen, die für 40 Euro pro Person, die Leute bis zur Grenze nach Mazedonien bringen. Es springt geradezu ins Auge, wie viele linke Aktivisten sich am Grenzübergang Gevgelijesich aufhalten. Entweder kommen sie aus Athen, oder wollen dorthin. Die Worte Schlepper oder Fluchthelfer hängen dabei von der jeweiligen Propaganda ab, nicht mehr. Insbesondere das Berliner Aktivisten-Kollektiv *Peng Collective* ist da als Hauptdrahtzieher dieser Schlepperbanden zu nennen, die mit ausgeklügelten Tricks gutgläubige und hilfsbereite Touristen als Schlepper missbrauchen. Werden sie erwischt, so werden diese bestraft, nicht aber Peng. Dazu werden rührselige Geschichten erzählt, bis hin zu angeblichen Familienzusammenführungen. Die Opfer, in diesem Fall Touristen, fassen leichter Vertrauen, weil sie glauben mit einem Landsmann zu sprechen, der etwa seinen Schwager nach Deutschland schicken muss, weil etwas passierte und selbst nicht abreisen kann.

Es geht eben nicht um Flüchtlinge in Sicherheit zu bringen, sondern Personen explizit nach Deutschland, Österreich und Schweden einzuschleusen, die auf legalem Wege nicht eingelassen werden. Darunter IS-Terroristen. Denn nach dem Regeln des Asyls, müsste ein Flüchtling dort um Asyl bitten, wo er sicher ist, das wäre in diesem Fall Griechenland.

Im Zielland angekommen ist das Geschäft noch nicht am Ende. Im Gegenteil, es geht erst richtig los! Eine Lobby von Bauunternehmern bildete mafiöse Strukturen zur Refugees-Aktion, die lediglich ein Deckmantel ist, die Bau-aufträge für Asylheime zugeschachert bekommen wollen. Dafür gibt es jeweils Spenden an die Parteikasse.

Ein Beispiel aus Radebeul (Sachsen) möchte ich hier wiedergeben. Ein weiß-blauer Containerbau war im Februar 2015 Heim für 130 Asylanten. Davon 127 Männer, zwischen 18 und 35 Jahre alt. Der Bau in einem verwahrlosten Zustand, obwohl der Betreiber *ITB Dresden*, der seine Büros im Erdgeschoss hat, zur Instandsetzung Gelder auf der öffentlichen Kasse erhält. Die Firma betreibt noch 6 weitere Asylantenheime in Sachsen. Hinzu kommt eine große Anzahl von Privatwohnungen, im Rahmen einer sogenannten dezentralen Unterbringung.

Geschäftsführer Wilfried Pohl, ist Lokalpolitiker bei Die Linke. Er ist auch Geschäftsführer der *S&L*, eine Firma die genau das selbe macht, wie die *ITB Dresden*. Diese alleine macht bereits 3,4 Millionen Euro Umsatz 2014. Vor der Wende war er Offizier der Stasi und damit beauftragt Republikflüchtlinge zu jagen. Das ehrenamtliche Bündnis *Buntes Radebeul* haben vom Lebenslauf des Geschäftsführers gewusst, die maroden Zustände des Baues ebenso gekannt. Niemand jedoch machte den Mund auf. *"Doch das war für sie nebensächlich."* So meinte die B5 Reportage *Millionen-Geschäft Asyl*, von Wolfgang Kerler.

Wilfried Pohl bekommt 2015 von der Komune 6,50 € pro Asylant, ein deutlich besseres Geschäft also, als etwa mit Hartz 4 Empfängern. Dabei erhielt Pohl den Zuschlag, weil er so konkurrenzlos billig ist, andere Betreiber erhalten den doppelten Tagessatz. In einem Rechtsfreien Raum hat sich eine Stasi-Bauunternehmer-Gutmenschen Mafia etabliert, mit der Lizenz zum Gelddrucken. Dass ist Realexistierender Sozialismus, Herrschaft der Kriminellen und Betrüger.

Dabei ist *ITB Dresden* relativ klein, es gibt andere Betreiber mit bis zu 50 Asylantenheimen. Der Marktführer ist *European Homecare*, die in Essen ansässig ist, mit einen Umsatz von mehreren Millionen Euro pro Tag.

Allerdings machte die Firma immer wieder von sich Reden, so 2014, als Sicherheitsleute Asylanten misshand-elten. Dies war nie ein Hindernis für die Firma weiterhin Aufträge von der Rot-Grünen Landesregierung zuge-schanzt zu bekommen. Selbst den involvierten Folterper-sonal passierte nichts. Sie wurden nur versetzt in ein anderes Heim, zu einer Tochterfirma von *European Homecare*. Dabei war im Anschluss behauptet worden, das sie entlassen worden wären. Das kann man jedoch nicht, denn die beiden wissen zu viel.

Brisant ist, dass Ministerpräsidentin Hannelore Kraft (SPD) wusste, das in den Einrichtungen des Unternehmens in Burbach misshandelt wurde. Das betreffende Heim in Burbach wurde zwar hektisch in die Obhut der Roten Kreuzes gegeben, aber die Firma selbst behielt alle anderer Heime und bekam inzwischen mehrere neue. In der

Landesregierung von NRW wusste man von den Folterungen ehe der Skandal in den Medien verbreitet wurde. Dabei hatte sie doch der DPA gesagt:
"Ich bin fassungslos, dass so etwas passieren kann, und ich schäme mich dafür, was den Menschen dort geschehen ist".

Gemäß dem Bericht im Focus[40] wusste die Landesmutti, die sich gern mit einer sozialen Fassade präsentiert, oder beim Wandern mit syrischen Flüchtlingen in Bayern, mindestens jedoch einige Monate bevor der Fall in den Medien auftauchte, von Folterungen in mindestens drei Einrichtungen der Firma. Das heißt dann, wenn sie nichts sagte und agierte, dann doch nur weil dieser Zustand gewünscht wurde.
Desweiteren ist interessant, das die angeblichen zwei Täter gedeckt wurden und nur versetzt. Außerdem wurde an mindestens zwei anderen Einrichtungen das selbe getan, aber niemand untersuchte dies und alle Aufmerk-samkeit konzentrierte sich auf die zwei angeblichen Einzeltäter.
Wenn die Bertelsmannmedien uns einen Skandal vorsetzen gilt es immer Vorsicht walten zu lassen. Diese dienen in der Regel dazu, im allgemeinen einen größere Schweinerei zu vertuschen.

Die Realität der rot-grünen Politik ist allerdings eine andere. Aber die Vorfälle sind viel größer und wurden gezielt vertuscht. Sowohl Firmenleitung, als auch das hochrangige Mitglieder der Rot-Grünen Regierung wussten von den Vorkommnissen. Mitglieder der Regierung wurden auch umschweifend auf Firmenkosten chauffiert. Dahinter steckt eine ganz perfide Politik. Die insbesondere auf Anbetracht der Ereignisse zu Silvester an Bedeutung gewinnt. Offensichtlich ist es, das man sich bereichert und die öffentlichen Kassen plündert. Das ist ja nichts ungewöhn-

---

40 Nr. 41/14 6. Okt. 2014

liches, das ist Normal für linke Politik. Ausgesuchte Elemente unter den Ausländern sollen zu Kriminellen und Radikalen erzogen werden. Damit sie, durch genug Erzeugung von Hass gegen Deutsche, diesen außerhalb des Heimes abreagieren. Logischerweise entlädt sich der Zorn an leichte Ziele, Senioren und Kinder. Dem folgen Brieftaschendiebstähle, der Gewinn wird bei der Mafia abgeliefert. Das erzeugt wiederum Wut beim Deutschen und die Situation eskaliert, es kommt zu unkontrollierbaren Randalen, was den Einsatz von Militär rechtfertigt. Und darum geht es. Stück für Stück etabliert sich dann eine deutsche Version der Mara, wie im Rahmen der illegalen Einwanderungen in den USA. Es ist inzwischen Hochgefährlich in Guatemala zu leben. Es herrscht ein System permanenter Bedrohung, es gibt bis zu 350 Morde pro Tag. Das Geschäft der privaten Sicherheitsfirmen boomt. Und dann müssen Sie sich nur anschauen, wer die Eigentümer sind. Es gibt nämlich eine enorme Konzentration bei linken Abgeordneten im *Congresso Nacional* (Parlament). Das Chaos hat sehr wohl ein System und das ist links. Wollen Sie so leben? Wollen Sie, dass ihre Kinder in einer solchen Gesellschaft aufwachsen? Ich nicht, deshalb brachte ich meinen Sohn nach Deutschland. Musste jedoch feststellen, dass wie in Guatemala dieses Krebsgeschwür der Links-Gesellschaft alles befällt und zerstört. Was wir hier so schnell als Möglich brauchen ist ein McCarthyismus.

Außerdem ist gerade der Vorfall in Burbach, ein Paradebeispiel für das, was im ganzen Land abläuft. Eines der Burbach-Opfer, der Algerier Karim M., musste sich wegen des Überfalls auf einen Juwelier verantworten. Spiegel berichte zwar davon (18. Oktober 2014), allerdings war es Auffällig wie stiefmütterlich dieses brisante Thema in den Medien behandelt wurde. Damit damit der Michel bloss keine Zusammenhänge herstellt. Dieser Überfall war einen

Monat, nach der Veröffentlichung der Fotos die ihn als ein gefoltertes Opfer in Burbach zeigten. Wenn man hier nun eins und eins zusammen zählt, wird einem schnell klar, was hier gespielt wurde. Man setzt auserwählte Individuen so unter Druck, dass sie in eine Mafia gepresst werden, nach dem System Mara, zur Drangsalierung und Plünderung des Volkes. Genauso arbeiten die Mareros in Lateinamerika und USA. Ganz in Form der Piraten (die eine sozialistische Gesellschaft pflegten) die ihnen nützliche Personen zwingen, sich ihrer Mafia anzuschließen. Nur so funktioniert Sozialismus, sie Rauben das Eigentum anderer, die außerhalb ihrer sozialistischen Gemeinde stehen. Die Spartanische Gesellschaft funktionierte so, und dazu hielten sie sich die Perioken und Menöken, die nicht Teil ihrer Kommunen waren. Aber den Lebensstandart der Spartaner finanzierten. Ein Adel auf Basis der ökonomisch-en Gesellschaftsposition.

Ich gehe sogar soweit zu behaupten, dass die selben Hintermänner der linken Politik terroristische Anschläge provozieren, um Angst und Schrecken zu verbreiten. Eine Regime des Terrors, um im Zuge dessen ihre Revolution durchzusetzen. Die mitunter erwiesen Falsch Flagge Aktionen der deutschen Linken, zum Vortäuschen extremer Aktivitäten von Neonazis, dient dazu weiterhin dieses Mafiöse System in Deutschland zu verstecken. Jetzt wurde berichtet, dass eine Handgranate auf ein Asylantenheim geworfen wurde. Kam ganz groß in den Medien und wurde freilich von Maas und dem Sachsensumpfminister de Maizière. Das war freilich die Chance der verdorbensten Halunken der linken Gesellschaft den moralischen Zeige-finger zu heben. Das war irgendwie zwei Tage nachdem auf Wahlkampfhelfer der AfD geschossen wurde. Ein Schelm der Böses dabei denkt. Und das seltsamerweise, obwohl Rot Grüne immer die Überwachung ausbauen und das Waffengesetz verschärfen wollen.

Vor ein paar Wochen musste ich um 22 Uhr losziehen um

ein Schmerzmittel für meinen Sohn aufzutreiben. Obwohl ich in einer Kreisstadt lebe, funktionierte kein einziger Nachtruf bei den Apotheken. Das Kreiskranken-haus war nicht in der Lage mir ein paar Tabletten zu verkaufen und meinte ich müsse 30 Km in eine andere Stadt fahren, da ist der Zuständige Notdienst. Es ist ein Witz! Aber Handgranaten und Waffen gibt es offenbar im Supermarkt. Das ist linke Politik! So funktioniert das!

Der Bau der Asylantenheime setzte seltsamerweise nach abflauen des Kitabauwahnes von Rot-Grün ein. Die Bauunternehmen beschweren sich gewiss nicht darüber, denn sie machen den großen Reibach.
Im Bayrischen Wald wurde sogar von einer Goldgrä-berstimmung gesprochen. Viele leerstehende Hotels machten das möglich. In einer Nacht und Nebel Aktion wandelte der am Bankrott stehende Josef Haberstrohdas *Sporthotel Heidelberg* in ein Asylantenheim um. Es war ein merkwürdiger und verdächtiger Deal mit der Landesregier-ung und niemand informierte den Bürgermeister, oder die Dorfbewohner. Haberstroh vermietet nicht nur die Zimmer, er sorgt auch für die Verpflegung der Flüchtlinge. Bei guter Auslastung könnte er damit im Monat einen Gewinn von über 100.000 Euro machen. Zuvor war er Abschleppunter-nehmer in Ingolstadt, wo er immer wieder in Konflikt mit der Justiz geriet. Er wurde sogar wegen Morddrohungen bestraft.

Diese Mafia geht dabei skrupellos gegen das Volk vor, von dem sie gewählt wurden suizideweise. In Leipzig sollte im Stil eines Kommandounternehmens ein Asylantenheim in der Stadtmitte errichtet werden. Das Problem, es gab Mieter und gültige Verträge. Weshalb die Bewohner über Monate hinweg perfide schikaniert wurden. Vom Asylanten-heim erfuhren die Mieter erst durch die Medien und da fiel dann der Groschen was der Besitzer, der Multimillionär

Michael Klemmer, für ein Spiel trieb.

Mit von der Partie dabei sein Busenfreund Burkhard Jung, SPD, und - welch Zufall - da gerade Bürgermeister der Stadt.

Dahinter steht ein unglaubliches Geschäft von linken Schmarotzern und Kriminellen. 2008 wurden 28 000 Asylanträge gestellt. 2013 waren es 127 000. 2014 bereits 200 000. 2015 werden 800 000 erwartet und es kamen über eine Million. Allerdings sind die abgelehnten Asylanten nicht abgeschoben worden. Und alles wird vom dummen Michel gezahlt, damit kriminelle Sozi-Bonzen noch reicher werden. So sieht es nämlich wirklich im Sozialismus aus. Kosten für Bund und Länder werden auf über 10 Mrd Euro pro Jahr geschätzt, was Spekulanten und korrupten Politikern in den Rachen gestopft wird. An der Spitze dieser Schnorrer und Parasiten steht die *European Homecare*. Um diesen Mief zu verbergen, wird freilich auf die Tränendrüse gedrückt, und von armen hilfebedürftigen Asylanten gesprochen. Die aus Gebieten flüchten, wo es keine Kriege gibt. Da steckt dank Bertelsmann ein Medienspektakel dahinter die professionell das Leid in Szene setzen. In Guatemala wurde die Deutsche Botschaft aufgefordert, von der guatemaltekischen Generalstaatsan-waltschaft, uns zu evakuieren. Immerhin ist meine Frau auch keine Deutsche und mein Sohn sprach bis dahin nur Spanisch. Ich wendete mich an Angela Merkel und Joachim Gauck, aber die waren da gerade mit Muslimen zugeraucht. Die Botschaft weigerte sich mit Händen und Füssen und sagte ich solle meine Frau und Kind zurück-lassen und die könnten sich ja in einen anderen Teil des Landes begeben. Sie versteiften sich darauf dass die Regierungs-politik die Pflicht zur Selbsthilfe verfolge. Na dann, warum diese Völkerwanderung und Solidaritätsbekundungen zu dieser ganzen Schwemme im Mittelmeer? Denn die Politik der Regierung heißt doch, Pflicht zur Selbsthilfe nicht wahr? Die können auch ganz bequem in Syrien bleiben, der Krieg ist nicht überall.

Die deutsche Botschaft war verärgert, weil ich über deren Verbindungen zur Mafia in La Antigua Guatemala gesprochen hatte. Als wir dann von guatemaltekischer Seite evakuiert wurde, versuchte die deutsche Botschaft mir gerichtlich zu verbieten über unseren Fall öffentlich zu reden.

Es gilt zu bedenken, das es in einer Stadt nicht nur jeweils einen Ganoven gibt, der das große Geschäft wittert. Auch die *A&S Laval* ist in Leipzig und in den Händen von Gerhard Straßenburg, dem letzten Chef der Volkspolizei in Leipzig. Mit heruntergekommen Immobilen aus der Treuhand (DDR-Seilschaften) wurde er zum Multimillionär. Inzwischen entdeckte er seine humanistische Ader für Flüchtlinge.

Und der deutsche Michel ist aufgefordert mehr Solidarität für Flüchtlinge zu zeigen, damit der alte Feind aus der DDR noch weiter sich seinen gierenden Schlund stopfen kann. Ausgerechnet von denen, die sich am Flücht-ling gesund stoßen, im Rahmen der "Willkommenskultur" die uns selbige Rot-Grüne Mafia verordnet und unterstützt wird das von einem Sozi-Pfaffen, den ein paar Deppen zum Präsidenten ernannten, statt dessen Stasi-Vergangenheit zu klären.

Da ich mich aus investigativen Gründen, in diesen Leipziger Untergrund mengte, weiß ich auch, was für ein immenser Filz dort zwischen linker Politik, Mafia und Linksextremisten besteht. Die finanzieren ihre Revolution durch die organisierte Kriminalität, Drogen, Waffen, Menschenhandel und illegale Prostitution, ist ein linkes Geschäft. Dieses System der Revolution stammt aus Lateinamerika. Sandinisten, Che, die FARC oder die guatemaltekische Guerilla funktionierten so. Europäische Revolutionäre, lernten die Arbeitsweise bei ihren Aufenthalten in den Kriegsgebieten kennen und exportierten das nach Europa und den Nahen Osten.

Heutzutage gibt es ein globales System zwischen Leiteinamerikanischer und europäischer Mafia und Linken, als auch arabischen Terrororganisationen wie Muslimbruderschaft, Hamas, Hisbollah, ISIS und Iran. Die italienische anti-Mafia stieß auf das System bereits in den 1990-er Jahren. Die General-Staatsanwaltschaft von Venedig setzte auf die Anklagebank, nebeneinander Linksextremisten, Neonazis, arabische Terroristen und Lateinamerikanische Mafia.[41]

La Antigua Guatemala, wo ich lange lebte, ist ein Fundus für dieses System und seine Arbeitsweise. Die Stadt ist die guatemaltekische Drehscheibe des Drogen-handels. Die Stadt wird kontrolliert vom Mendoza Clan (Medellin), den Zetas und Sinaloa. Die Verbindungen reichen bis zu den Botschaften der Europäer. Das Stadtbild selbst wird von linken ONGs und Projekten organisiert, die alle in dieses Netzwerk gehören. Selbst über die dortige Niederlassung von Nestle in Zusammenarbeit mit den Botschaften, wurden Drogen nach Zentraleuropa gebracht. Das Stadtzentrum ist dominiert von Geschäften von Europäern und US-Bürgern, der Fraktion Gutmensch. Aber all diese großen Geschäfte wie O'Reillys, der Jadehandel, Santo Domingo oder La Menson Panza Verde alles ist Geldwäsche und Drogenhandel. Die Jadefabriken fertigen Reproduktionen der Mayaskultur an, die präpariert sind zum Drogenschmuggel. Es gibt dort sehr viele involvierte Deutsche bis hin zur Kinderprostitution. Schließlich ist es ja eine schöne bunte Stadt.

In Anbetracht auf das Gesagte, meiner beiden bisher publizierten Bücher, muss ich der Deutschen Linken Recht geben. Die Bundesrepublik Deutschland hat seine

---

41 Über dieses Netzwerk, werde ich demnächst genauer berichten. Und zwar, aufgrund des Umfanges in einem extra Buch, zum Thema Querfront.

Entnazifizierung ganz eindeutig nicht gründlich durchgeführt und stattdessen, dass rote Geschmeiß integriert. Dieser Fehler muss unbedingt korrigiert werden!

Freilich ist das nicht so überraschend. Es lässt sich immer wieder feststellen, dass Schergen totalitärer Staaten, nach dem durchlaufen dessen, was uns als ein Demokratisierungsprozess verkauft werden soll, in die organisierte Kriminalität abrutschen. Beste Beispiele sind der KGB Oberst Wladimir Putin und seine Leningarder Mafia. Und eben die Ostdeutsche Mafia der Stasi. Besonders Staaten wie Russland haben einen Hang zum Totalitarismus und das formt sich auch genetisch wie-der. Seit dem Fall der Romanows hat Russland nie die Chance gehabt ein demokratisches Verständnis zu ent-fallen. Der Kommunismus war ein diktatorisches und mor-dendes System, das ihren Schreckensapparat aufbaute und diesen mit Sadisten und Psychopathen rekrutierte. Sie kultivieren diese Eigenschaften sogar und erfahren durch den Nährboden des Totalitarismus eine „Verbesserung". Diese Individuen erfahren in der Demokratie jedoch einen Machtverlust und konsequente Ablehnung, und das ist natürlich bei einem Psychopathen, als schütte man Öl ins Feuer. Natürlich stößt die Demokratie bei diesen Leuten ganz automatisch auf Ablehnung und sie werden daran arbeiten, die Demokratie zu zerstören. Aber aus diesem Grund ist der Kommunismus mit dem Adel zu vergleichen, weil es dort oftmals ebenfalls diese totalen Machtpositionen gab und den Schreckensapparat, der sich der selben Sorte Mensch bediente. Die Kader dieser kommunistischen Gesellschaften, haben diesen Hang zur Antidemokratie verinnerlicht und haben keinerlei Hemmung, in die organisierte Kriminalität einzusteigen. Oder in die Politik, speziell bei linken Parteien, jenseits der Sozialdemokratie. Logisch, dass das schwache Pflänzchen der Demokratie, auf einem derart mit blutgetränkten Boden wie es der russische ist, verkümmern musste, und nun sogar von der

Mafia selbst regiert wird, identisch mit dem ehemaligen Apparat des KGB. Das alles geht Hand in Hand.

In Deutschland ist es zwar ähnlich, aber schon im Heiligen Römischen Reich gab es Städte in dem die Bürger regierten, was nämlich bedeutet *die Rechten*. Verhasst vom totalitären Adel, wegen ihres demokratischen Systems. Und immer noch ist das auch der Feind der heutigen Linken, aus dem selben Grund.

Es war das Bürgertum, welches demokratie erkämpfte und Erfolg gegen die totalitären anti-Demokraten errang. Aber die Geschichte lehrt uns, dass der Demokrat sich nicht auf den Lorbeeren ausruhen darf, sondern gezwun-gen ist die Demokratie ständig und immer wieder zu verteidigen. Das ist auch prinzipiell so in der DDR gewesen. 1989 war es das Bürgertum gewesen, dass sich gegen den totalitären Apparat eines Nazi-Light-Systems erhob. Und wem finden wir in der linken Politik inzwischen wieder? Die Bürgerrechtler? Nein, es sind die Schergen, die damals den Totalitarismus verteidigten.

Man kann Psychopathen nicht Demokratisieren, dass ist Quatsch! Psychopathen sind geisteskrank und müssen weggesperrt werden. Diese Chance, Ordnung schaffen, haben wir 1989 leider nicht wahr genommen. Die Psychopathen haben inzwischen eine Plattform gefunden, und die nennt sich Bundestag.

Ich bin schon lange dafür eine alte gute Strafe des Bürgertums wieder aufzufrischen, das Ausbürgern. Ich bin mir sicher das man in Nord-Korea den gesellschaftlichen Abschaum Deutschlands gut ins System integrieren kann. Und diese werden dort gewiss sehr viel glücklicher sein, als in der gehassten Demokratie, denn so haben sie endlich ihren realexistierenden Kommunismus, der ihnen gewiss sehr viel mehr Zukunft bietet als die bürgerliche Gesell-schaft. Jedem deutschen Politiker der diese Politik betreibt, bin ich gern behilflich und suche ihm die Abfahrtzeit für den nächsten ausgehenden Orientexpress heraus.

Doch was so ein richtiger Psychopath ist, kann er sich auch gut verstellen. Dann tritt dieser auch in andere Parteien an, um seine Gier nach Macht zu erfüllen und Leute ins Unheil zu stürzen. CDU und SPD passierte dies.
Die Demokratie in Westdeutschland war träge und verweichlicht geworden. Sie ruhten sich auf einem Fettpolster aus und agierte nicht gegen die Gefahr der Zersetzung, der anti-Demokraten, die von DDR-Moskau und eben auch der eigenen Großindustrie finanziert wurden und werden, mit dem ganz klaren Ziel die Demokratie zu beseitigen.

www.ingramcontent.com/pod-product-compliance
Lightning Source LLC
Chambersburg PA
CBHW062207280526
45788CB00001B/489